Para

com votos de paz.

/ /

DIVALDO FRANCO
PELO ESPÍRITO
MANOEL PHILOMENO
DE MIRANDA

AMANHECER DE UMA NOVA ERA

Salvador
2ª edição – 2025

COPYRIGHT ©(2012)
CENTRO ESPÍRITA CAMINHO DA REDENÇÃO
Rua Jayme Vieira Lima, 104
Pau da Lima, Salvador, BA.
CEP 412350-000
SITE: https://mansaodocaminho.com.br
EDIÇÃO: 2. ed. (11ª reimpressão) – 2025
TIRAGEM: 3.000 exemplares (milheiro: 82.000)
COORDENAÇÃO EDITORIAL
Lívia Maria C. Sousa

REVISÃO
Luciano Urpia
CAPA
Cláudio Urpia
EDITORAÇÃO ELETRÔNICA
Marcos Cosenza
MONTAGEM DE CAPA
Marcos Cosenza
COEDIÇÃO E PUBLICAÇÃO
Instituto Beneficente Boa Nova

PRODUÇÃO GRÁFICA
LIVRARIA ESPÍRITA ALVORADA EDITORA – LEAL
E-mail: editora.leal@cecr.com.br

DISTRIBUIÇÃO
INSTITUTO BENEFICENTE BOA NOVA
Av. Porto Ferreira, 1031, Parque Iracema. CEP 15809-020
Catanduva-SP.
Contatos: (17) 3531-4444 | (17) 99777-7413 (WhatsApp)
E-mail: boanova@boanova.net
Vendas on-line: https://www.livrarialeal.com.br

Dados Internacionais de Catalogação na Publicação (CIP)
(Catalogação na fonte)
BIBLIOTECA JOANNA DE ÂNGELIS

F825 FRANCO, Divaldo Pereira. (1927)

Amanhecer de uma nova era. 2. ed. / Pelo Espírito Manoel Philomeno de Miranda [psicografado por] Divaldo Pereira Franco, Salvador: LEAL, 2025.
216 p.
ISBN: 978-85-8266-190-1

1. Espiritismo 2. Mundo de regeneração
I. Título II. Divaldo Franco

CDD: 133.93

Bibliotecária responsável: Maria Suely de Castro Martins – CRB-5/509

SUMÁRIO

APRESENTAÇÃO

Desde épocas muito recuadas que os nobres guias da Humanidade vêm informando que a Terra é um planeta portador de abençoadas provas e expiações para os seus habitantes, não somente os Espíritos em processos de crescimento intelecto-moral, como também aqueles que se hajam comprometido negativamente em relação às Divinas Leis que regem o Universo.

Sob um aspecto, é uma escola que faculta o desenvolvimento dos incomparáveis tesouros que dormem no recesso do ser, auxiliando-o a libertar-se do primarismo e das sensações mais grosseiras para alcançar as emoções santificantes e libertadoras que lhe estão destinadas, proporcionando-lhe o ensejo da união com o pensamento divino.

Essa fase de aflições, porém, teria um limite no tempo e no espaço, devendo ceder lugar a um período de renovação e de esperança, de paz e de bem-estar duradouros, que anteciparia a era de plenitude e de harmonia.

Dependendo do comportamento das próprias criaturas que o habitassem, chegaria o momento em que a dor e o desespero cederiam lugar a recursos diferentes, que facultariam a evolução sem a presença das lágrimas ou do infortúnio que dilaceram os sentimentos e, às vezes, envilecem aqueles que se encontram despreparados para as suas lições valiosas.

Durante os milhões de anos transcorridos desde quando vem sucedendo a evolução antropológica, sociológica e psicológica, facultando à criatura humana o entendimento de inúmeras leis cósmicas que regem a vida e propiciam as conquistas intelecto-morais, mais fácil se torna a aquisição do equilíbrio, que proporciona o despertar para a sua realidade espiritual, assim buscando mais amplos e formosos horizontes na intérmina direção do amor.

Acossada pelos padecimentos contínuos ao longo dos milênios, alternativa não encontra, senão a da autoiluminação, como o caminho seguro para a mudança da faixa evolutiva pela qual vem transitando.

As revelações do Mundo espiritual têm sido incessantes, jamais deixando a consciência humana sem o conhecimento da sua perenidade, inicialmente, no pretérito já distante, envoltas em mistério, em razão do estágio em que se encontrava, para nestes gloriosos dias de intercâmbio lúcido e fácil com os Espíritos nobres, descobrir os mais preciosos comportamentos que ensejam a conquista interior do Reino dos céus.

Nunca tem havido ausência de diretrizes harmonizadoras para o ser humano que, mergulhado no escafandro celular, facilmente se equivoca ou teme, desanima ou foge do dever, de modo a facultar-lhe a indispensável condição que proporciona a liberdade real, estimulando-o ao voo em direção à imortalidade triunfante.

No atual estágio do processo psicológico, como decorrência da incomparável contribuição do Espiritismo, que desmitificou a morte e desvelou a realidade além da nuvem material, compreende melhor quais são a finalidade existencial, os seus condicionamentos e ocorrências, as suas imposições e necessidades, ampliando-se-lhe as possibilidades para o autoencontro, a autoconsciência, a lógica existencial...

A mediunidade disciplinada e orientada para o bem vem facultando que os denominados mistérios percam as suas intrincadas indumentárias para, desvestidos do mágico e do sobrenatural, transformar-se em disciplinas modeladoras do caráter, capazes de propiciar o intercâmbio entre as duas esferas vibratórias – a da matéria e a espiritual – com naturalidade e elevação.

Simultaneamente, permite que esse ser humano sempre carente de ajuda passe ao nível de cooperador, socorrendo e auxiliando os Espíritos em ignorância da sua realidade, de forma que seja diminuída a expressiva massa dos infelizes que enxameiam no Além-túmulo, em doentia parceria com os deambulantes carnais...

Desaparecem, graças a esse conhecimento, muitos enigmas e gravames que sempre têm dificultado a marcha do progresso individual e coletivo, em razão dos tormentos das obsessões afligentes que ainda constituem terrível pandemia perturbadora.

Desvelada a imortalidade que a todos aguarda, muda-se o objetivo psicológico existencial do ser humano que permuta o ter pelo ser, o transitório pelo permanente, o aparente pelo real.

Já não satisfazem as ilusões anestesiantes, os prazeres exaustivos, as honrarias enganosas, os destaques comunitários vazios de conteúdos plenificadores.

Automaticamente, transferem-se as aspirações do hoje para o sempre, do momento tormentoso do desejo para o tranquilo fruir da paz, do dolo que oferece coisas, mas que se transforma em culpa inclemente, empurrando suas vítimas para transtornos diversos...

A existência física, seja em quais condições se apresente, oferece um norte, um motivo profundo para ser experienciada com alegria e definição emocional.

Vive-se, na Terra, a fase em que ocorre a grande transição planetária sob todos os aspectos considerados.

O ser humano exausto bate às portas dos Céus suplicando apoio, e a Divindade concede-lhe as bênçãos do trabalho e da iluminação, a fim de libertar-se da opressão que se tem permitido.

As ameaças de extinção da vida cedem lugar para que ocorra o desaparecimento do mal, dos instrumentos ferintes e danosos, ensejando novas atitudes e diferentes recursos para a sublimação.

De outra dimensão Espíritos nobres descem às sombras terrestres atendendo ao apelo de Jesus, a fim de contribuírem em benefício dos seus irmãos da retaguarda, no grande e decisivo momento em que poderão ascender com o amado planeta-mãe, a fim de serem fruídas as bênçãos da harmonia cósmica a todos os seus habitantes.

Desafios, mudanças bruscas de comportamento, algumas encarniçadas lutas do passado dominador contra o futuro promissor assinalam este período.

Nada obstante, a dúlcida presença do Sublime Galileu mimetiza todos aqueles que O busquem e tentem vinculação com o Seu amor inefável, ensejando alegria de viver e bem-estar em qualquer situação em que se encontrem.

Diluem-se as sombras da ignorância, embora persistam alguns desmandos do vandalismo de breve duração.

A vitória do bem e do amor torna-se incontestável, e em triunfo instala-se o amanhecer de uma Nova Era.

Este livro foi escrito com o coração, retratando algumas atividades espirituais em auxílio aos trabalhadores do bem, momentaneamente agredidos pelas forças da perversidade espiritual, sob o suave-doce comando do Santo de Assis, o êmulo de Jesus que, no seu tempo, implantou na Terra em sombras o período da ternura e da fraternidade, embora tudo conspirasse de maneira oposta.

Confiamos que estas páginas possam contribuir de alguma forma para o encorajamento dos lutadores, para a definição de alguns indiferentes, para a preparação dos dias porvindouros e gentil convite à alegria e à paz.

Dubai, Emirados Árabes, dia 14 de fevereiro de 2012.
MANOEL PHILOMENO DE MIRANDA

1

RESPONSABILIDADES NOVAS

Em nossa comunidade espiritual, como certamente em todas as outras, o trabalho é bênção incessante que nos motiva ao desenvolvimento dos valores morais adormecidos, convidando-nos ao crescimento interior para a conquista da plenitude.

Acostumados às tarefas do cotidiano, acompanhamos os programas de apoio e de estímulo ao progresso do querido orbe, assim como o dos seus habitantes, especialmente neste período em que se operam as grandes revoluções prenunciadoras da transição moral por que passa.

Invariavelmente, às noites, terminadas as tarefas que nos competem, comparecemos às reuniões de estudos, às conferências e discussões sobre o desenvolvimento intelecto-moral, adquirindo conhecimentos para serem aplicados nas experiências evolutivas que nos dizem respeito, ou nos entregamos à meditação concernente à vida e a todas as fantásticas concessões da Divindade.

Desse modo, vez que outra, somos convidados a participar de labores específicos, particularmente quando alguns deles são direcionados aos irmãos que habitam o planeta terrestre, o que muito nos honra e estimula ao prosseguimento das ações renovadoras.

Numa dessas ocasiões em que os céus bordavam-se de arquipélagos estelares, dando-nos uma pequena dimensão da glória cósmica, encontrava-me no jardim do anfiteatro central da colônia, reflexionando a respeito da misericórdia do Pai Criador e observando os transeuntes igualmente fascinados com a maravilha da Natureza, quando dedicado servidor do Departamento de comunicações veio ter comigo.

Apresentava-se jubiloso, traindo as emoções que o visitavam naquele momento. Sempre gentil, tornara-se excelente servidor que se notabilizava pela fidelidade ao dever, sendo-me amigo afeiçoado. Enquanto estivera no corpo físico, vivenciara a grandeza da Revelação Espírita, havendo deixado, durante a sua trajetória, pegadas luminosas de amor e de caridade, na condição de médium eficiente e orientador sábio.

Ao lado de outros seareiros da Doutrina Espírita, na primeira metade do século passado realizara um ministério digno que prossegue até estes dias, dele recebendo carinhosa assistência espiritual.

Possuidor de créditos inestimáveis, sempre me enriquecia nas conversações que mantínhamos, quando possível, elucidando-me algumas questões que aguardavam esclarecimentos.

Naquela oportunidade, trazia-me um convite do generoso mentor da área de comunicações para participar de uma equipe que deveria permanecer no mundo físico por um expressivo período, contribuindo com os guias espirituais em favor de todos aqueles que se encontram afeiçoados ao bem e que trabalham pelo progresso da Humanidade.

O querido Hildebrando explicou-me que o rude adversário do Cristianismo, que se mantinha em região infeliz, formando equipes de perseguidores aos novos cristãos, os espíritas, preparava-se para uma investida perversa contra veneranda instituição do Espiritismo, em tentativa de desforço por haver sido desvelado, na farsa a que se submetera.[1]

De imediato recordei-me do fato de que participara com os nobres amigos do trabalho mediúnico, e senti-me espicaçado na curiosidade, interrogando:

– *Trata-se de alguma invasão de consequências perversas para os obreiros de Jesus?*

– *Sem dúvida* – respondeu-me, de maneira grave. – *Como o amigo Miranda não ignora, o mal encontra-se enraizado no cerne do ser que o adota, como natural consequência da prepotência e da soberba mantidas por demorado período. Não tendo como descarregar as energias mórbidas naqueles que crê serem seus inimigos, permanece com a ideia fixa no desforço até quando a oportunidade se lhe apresenta. Ademais, outros misteres estão programados, além do atendimento ao atormentado Rabino do passado e aos seus comparsas.*

E, adindo mais algumas informações, prosseguiu:

– *Os companheiros reencarnados olvidam, não poucas vezes, que os dois mundos, o físico e o espiritual, interpenetram-se, não havendo fronteiras definidoras, o que permite um intercâmbio constante entre os seus habitantes. Anestesiados na matéria, embora advertidos quanto à necessidade da vigilância, facilmente se deixam empolgar por atitudes agressivas e pelos métodos de comportamento mundano totalmente diverso daquele que deveriam vivenciar, assim facultando a*

---

1. Veja-se o capítulo 20, O enfrentamento com a treva, do nosso livro *Transição planetária*, da LEAL (nota do autor espiritual).

vinculação psíquica com os mais infelizes, cedendo passo à sua interferência em conúbios lamentáveis, obsessivos...

Ótimos teóricos e observadores do que se passa à volta, quando se trata de questões que lhes ferem diretamente os interesses, deixam-se arrastar pelo ressentimento, pela ira que se transforma em cólera e os intoxica, tornando-se de fácil manejo por aqueles aos quais deveriam oferecer resistência pelas ações dignificadoras.

O orgulho, esse filho espúrio do egoísmo, é o grande adversário dos seres humanos, que se consideram especiais, sempre credores de respeito e de consideração, embora não os ofereçam na mesma medida àqueles que tomam como perseguidores. Insensatos e imaturos, criam situações de difícil solução, apenas pela maneira de tratar as questões que deveriam ser solucionadas pelo entendimento fraterno e pela amizade real.

Portadores de uma sensibilidade mórbida, guardam ressentimentos e deblateram insensatamente quando contrariados, abrindo campos vibratórios à interferência de mentes espirituais viciadas, perturbadoras e zombeteiras, que se lhes vinculam, assumindo posturas infelizes em relação ao seu próximo, a quem deveriam amar e compreender, desse modo, comprometendo o trabalho do grupo no qual se encontram. Não poucas instituições nobres, portadoras de objetivos elevados na construção do mundo melhor, esfacelam-se em razão desse comércio inditoso com os Espíritos ociosos e vingativos, pondo a perder todo o esforço conjunto dos abnegados mentores e dos dedicados missionários de quem se utilizam... Enquanto não haja uma consciência responsável no trabalhador do Evangelho, que supere o egoísmo e a necessidade de projeção da imagem, a batalha gigantesca prosseguirá...

Após uma ligeira pausa, acrescentou:

– Amanhã, às 20h, teremos uma reunião no Departamento de Comunicações, para o estudo e detalhes da operação que estará sob as bênçãos do apóstolo de Assis, convocado ao socorro por venerando Espírito dedicado a Jesus no plano físico.

Despedindo-se, deixou-me o perfume da sua bondade e o magnetismo da sua superioridade espiritual.

As palavras que me houvera dito encontraram imediata ressonância no imo, por haver, muitas vezes, constatado a sua legitimidade no trato com as questões das obsessões e das perseguições espirituais.

Embora a conquista dos conhecimentos da Doutrina Espírita, das artimanhas e habilidades dos Espíritos infelizes e de baixa moral, sem dúvida, mas com alta capacidade de discernimento e de ação persecutória, facilmente alguns adeptos mais frágeis não aplicam a teoria excelente na conduta, sendo presas simples dos seus inimigos desencarnados, assim como daqueles que se consideram adversários de Jesus e comprazem-se em criar embaraços e complicações na seara onde se encontram laborando.

Começam o trabalho com grande entusiasmo, programando a transformação do planeta terrestre, a mudança da sua psicosfera, e vão, à medida que o tempo transcorre e a rotina se lhes instala no comportamento, diminuindo a exaltação, dando-se conta das dificuldades, especialmente no relacionamento com o próximo, sendo incapazes de realizar a própria indispensável renovação para melhor.

Meditassem mais nas preciosas lições do Mestre Jesus, sempre convidando-nos à vigilância e à oração, assim como nas orientações seguras de Allan Kardec, exaradas na Codificação, bem como nos conteúdos das comunicações mediúnicas, considerando-as não somente belas, mas, sobretudo, portadoras de ensinamentos graves, merecedores da mais alta consideração, e certamente resistiriam com mais vigor às situações perturbadoras.

O processo evolutivo, como é natural, dá-se por meio de desafios e de dificuldades, resultado dos comportamentos anteriores a que todos se permitiram.

Assumindo atitudes ridículas de vingança e de desconfiança em relação aos seus irmãos de crença e amigos de atividades doutrinárias, transformam-se em *pedras de tropeço* para todos, depois de envenenar-se com as doentias reflexões e fixações mentais que se permitem, quando desapontados ou insatisfeitos.

É sempre de bom alvitre, como recomendam os Espíritos nobres, tomar-se para si mesmo os conselhos que vertem do Alto, em vez de os transferir para o seu próximo. Não é essa, porém, a conduta geral, e os descalabros ameaçam a floração da grandiosa seara do Mestre, conforme aconteceu anteriormente, quando o Império Romano passou à governança dos Seus servidores. César tornou-se mais atraente do que Deus, pelos favores imediatos de que se podia fruir, deixando o holocausto por amor em plano secundário e permitindo a adulteração dos ensinamentos pulcros e austeros que receberam daqueles que os precederam no martírio.

Dessa forma, o Cristianismo nascente experienciou a decadência das suas propostas e a adulteração dos seus ensinamentos, permitindo-se vencer pela idolatria e pelos rituais pagãos do passado, embora com denominações diferentes.

O Espiritismo, por sua vez, vem sendo sacudido por tormentas internas no movimento, gerando dissensões, filhas diletas da presunção, chegando-se ao ponto de contestar as bases da Codificação, ou apresentando-se falsas técnicas travestidas de científicas, de experiências pessoais, de informações mediúnicas não confirmadas pela *universalidade do ensino.*

Novos missionários surgem de um para outro momento, a si mesmos atribuindo realizações superiores e mergulhando em tormentosas obsessões por fascinação, assim como se apresentam novidades estapafúrdias que levam o bom nome da doutrina ao ridículo, pela maneira como são expostas as teses infelizes, nascidas na vaidade daqueles que são médiuns ou não.

Realmente, é um momento muito delicado, porque em todas as esferas da atividade terrestre dá-se igual confusão, misturando-se os interessados na preservação do desequilíbrio que atinge altos índices de criminalidade e de violência, de horror e estupefação...

Torna-se imprescindível o retorno às fontes evangélicas e às origens do movimento doutrinário totalmente destituídos de autoridades, de especialistas, de detentores de títulos universitários e arrogância intelectual, volvendo-se à simplicidade e ao serviço eminentemente cristão.

À medida que reflexionava, permanecia emocionado ante o espetáculo das constelações lucilantes a distâncias incomensuráveis, exaltando a grandeza do *amor*.

Ouvia as ânsias da Natureza em espetáculo majestoso, convidando à análise da sua causalidade e da sua finalidade, impondo, naturalmente, o respeito e a veneração ao Pai todo Amor e Misericórdia.

Contemplando o planeta terrestre mergulhado nas sombras da noite, podia também perceber as luzes que assinalam os núcleos de ação de benemerência em favor das demais criaturas humanas, como verdadeiros círios votivos de gratidão ao Criador.

Naquela noite memorável, repassamos pela tela mental as cenas que antes vivenciáramos quando nos encontrávamos na jornada anterior, a serviço do Senhor com os demais companheiros, trabalhando pela autoiluminação e pela construção do amor entre os irmãos da retaguarda física.

Dominado por indefinível gratidão, busquei o repouso necessário para o atendimento dos futuros compromissos a que era chamado.

2

PROGRAMAÇÃO DE ALTO SIGNIFICADO ESPIRITUAL

O dia transcorreu sob expectativa jovial e abençoada. As horas passavam suavemente embaladas pela agradável curiosidade em torno da temática e do labor a que seríamos convocados.

Quando a noite desceu sem preâmbulos, um doce perfume de azaleia em flor balsamizava a Natureza carreado pelos ventos brandos.

Cintilavam as estrelas no zimbório escuro confraternizando com o véu de noivado de Selene, permitindo que pudéssemos vislumbrar o planeta querido pelas luzes que fulgiam a distância, representando os santuários de amor nele instalados.

Encaminhamo-nos, à hora aprazada, na direção do Centro de Comunicações onde o dedicado irmão Hildebrando nos aguardava com o encanto da sua personalidade gentil.

O recinto para o encontro era encantador. De reduzida proporção, era decorado com festões laterais, destacando-se o palco ornado de rosas delicadas em arranjo bem elaborado sobre a mesa diretora.

Éramos, aproximadamente, cem convidados, que logo repletamos o auditório acolhedor.

A conversação em meio-tom de voz dava notícia do prazer dos reencontros, facultando-nos ligeiras notas em torno das atividades a que nos vinculávamos, enriquecidas pela alegria do trabalho de autoiluminação.

Nesse ínterim, adentraram-se no recinto o diretor Aurélio, responsável pelo Centro de Comunicações, que fora, na Terra, um devotado trabalhador na área da engenharia elétrica, havendo deixado um patrimônio valioso em favor da sociedade, que acompanhava nobre e veneranda Entidade que irradiava ímpar simpatia. O semblante aureolado por um sorriso encantador, sem qualquer ruído, exteriorizava significativo magnetismo que a todos nos impregnou de imediata afabilidade.

Podíamos perceber-lhe a grandeza moral, embora a discrição e a simplicidade com que se movimentava.

Mais alguns conselheiros do mesmo setor formavam o séquito fraterno que conduziu o visitante ao lugar de destaque à mesa diretora.

O silêncio fez-se natural, enquanto penetrante harmonia vibrava no recinto inundado de suave claridade.

Aroma delicado espraiava-se agradável e, após a prece emotiva proferida pelo nosso irmão diretor, teve início a solenidade.

Depois de algumas palavras convencionais, o respeitável benfeitor elucidou-nos, sem retórica bombástica nem elogios habituais dispensáveis, como ocorre na Terra:

– *Temos a imensa alegria de apresentar-vos o irmão Evandro, que nos traz oportuno convite revestido de certa gravidade.*

Nosso benévolo amigo elegeu a nossa comunidade para a execução de um complexo programa de socorro a uma insti-

tuição respeitável dedicada a Jesus, sob o patrocínio do Cantor de Deus, que se encontra sob forte ameaça das Trevas...

Sem mais delongas, ouçamo-lo.

Dirigindo-se à tribuna, o amorável amigo saudou--nos com voz musical em nome de Jesus, explicando-nos:

– Não ignorais o momento delicado que vivem os nossos irmãos terrestres, particularmente os servidores do Mestre nas hostes do Espiritismo contemporâneo.

Depois da longa noite de perseguições que sofreram os seus pioneiros e apóstolos, assim como dos significativos testemunhos, o Movimento expande-se de forma surpreendente, oferecendo, no Brasil, em especial, a concretização da promessa do amorável Mestre a respeito de o Consolador.

Inúmeros fatores vêm contribuindo para que a mensagem kardequiana encontre aceitação nos diversos veículos de divulgação da grande mídia, desfrutando de respeito e de consideração. É um momento muito significativo, porquanto algumas autoridades da cultura científica de várias áreas do pensamento aderem à convicção em torno da existência de Deus e da imortalidade do espírito. Declarações respeitosas são divulgadas, sofrendo o bombardeio do ateísmo sem conseguir intimidar aqueles que se encorajam à definição das suas crenças. Alguns aquinhoados com o prêmio Nobel, por exemplo, afirmam acreditar na Causalidade inteligente do Universo e na realidade da Vida de ultratumba...

Depois de haverem penetrado nos arcanos das micropartículas, assim como do macrocosmo, concluíram pela não existência de qualquer explicação racional, que não seja a do Criador...

Concomitantemente, porém, a onda de desrespeito à vida, aos princípios éticos e morais, a avassaladora vulgaridade dos costumes em crescente desenvolvimento apoiam-se na violência, e uma vaga de loucura varre o orbe, ameaçando-lhe a estrutura moral e espiritual.

As aberrações multiplicam-se, e os ídolos da alucinação e do despautério arrebanham as multidões hipnotizadas que se entregam às mais estranhas e assustadoras condutas.

Compreensivelmente, hordas de Entidades primitivas misturam-se com os equivocados e estabelecem-se os terríveis e assustadores processos de obsessão que produzem consideráveis prejuízos sociológicos, psicológicos e morais à sociedade aturdida, que perdeu o conceito sobre os valores espirituais já não mais aceitos...

Nesse momento, o mensageiro do amor silenciou, facultando-nos absorver as suas considerações, de imediato prosseguindo:

– O destempero da cultura é alarmante, enquanto o culto do prazer sob todos os aspectos considerados, ultrapassa tudo quanto sucedeu nesse gênero até o momento nos diferentes períodos da História.

Pais intercambiam licenças morais com os parceiros dos filhos, os lares, na sua grande maioria, converteram-se em bordéis e o desrespeito ao santuário familiar alcança elevados índices de cinismo e degradação que derrapam na criminalidade de vário porte.

Autoridades insanas entregam-se à corrupção, enquanto os cidadãos estorcegam na miséria de todo tipo, sem esperança nem alegria de viver, fugindo pelas armadilhas da depressão, do suicídio, das drogas ilícitas...

Sem qualquer sentido masoquista, é lamentável a situação moral dos viandantes carnais, com as exceções naturais, que alcançaram, pela tecnologia, os astros, embora com os pés nos charcos das paixões mais vis.

É neste momento que a mensagem de Jesus, desvelada pelos imortais, apresenta-se com caráter terapêutico e libertador.

Eis aqui o grande paradoxo: à medida que os profanos fascinam-se pela Doutrina Iluminativa, não poucos trabalhadores do Evangelho restaurado resvalam para os comportamentos infelizes, demonstrando a própria fragilidade moral e a não real absorção dos sublimes ensinamentos do Senhor.

As defecções sucedem-se de contínuo e as quedas pessoais alarmam os neófitos que se estão aproximando com expectativas inumeráveis, aguardando apoio e orientação, especialmente por meio do vigor do exemplo pessoal.

Os desencarnados que exploram os torvos no intercâmbio doentio, desfrutam dos espaços mentais desses desavisados, para impedir que se cumpram as sublimes promessas de Jesus.

Quando não podem alcançar os missionários do bem na atividade divulgativa e vivencial da verdade, tomam os distraídos e presunçosos, os soberbos e autossuficientes, para os transformar em pedra de tropeço, formando grupos que se combatem mutuamente, criando cismas e derivativos falsamente científicos, que atendem a sua vaidade e perturbam a boa marcha da saudável divulgação da fé renovada.

Infelizmente, as diversas correntes, filhas da perturbação e do orgulho, esgrimem o ódio e a calúnia, transformando o campo de trabalho edificante em sítio de combate destrutivo.

Novamente silenciou, e pudemos perceber-lhe a emoção na voz e no pranto prestes a escorrer da comporta dos olhos. Prosseguindo, expôs:

– *Todos nos rejubilamos com o crescimento e a aceitação do Espiritismo pelas massas. Nada obstante, um perigo natural ameaça a lavoura do Bem. Trata-se de muitos daqueles que lhe aderem aos postulados, por não se encontrarem em condições emocionais de assumir as responsabilidades que lhes são confe-*

ridas pelas circunstâncias e pessoas desprovidas de bom senso, facultam que surjam problemas de comportamento e dificuldades que poderiam ser evitados. É natural que muitos dos aderentes à mensagem sintam entusiasmo e entreguem-se com ardor à sua divulgação e vivência das novas propostas libertadoras, no entanto, como é compreensível, advêm os enfrentamentos, os desafios que se mesclam com as problemáticas pessoais e logo esmaece o júbilo e surgem as observações negativas a respeito do próximo, surgindo contrariedades quando não são aceitas algumas das suas sugestões ou diretrizes, não poucas vezes inspiradas pelos inimigos desencarnados do ideal, e aparecem os partidos na grei, as dissensões infelizes, as deserções...

Pior ainda, quando ocorrem pensamentos a que atribuem alta magnitude e surge a tentação de corrigir o pensamento exposto na Codificação Espírita, de alterá-lo, de adaptá-lo aos tempos modernos, de criar correntes que se comprazem com o frívolo, o social ou pretensamente afirmam ser um passo adiante, numa falsa conquista de complementação...

Esse perigo já se manifesta e cresce como escalracho que se fixa nas raízes da planta boa, e que, ao ser arrancado, extirpa-a do solo também...

Torna-se urgente que providências sejam tomadas, a fim de que não ocorra o mesmo que sucedeu ao Cristianismo nascente quando subiu ao trono imperial de Roma expulsando Jesus de sua companhia, ou como aconteceu com Lutero e sua doutrina, quando outros que se fizeram reformadores passaram a adaptar ao seu modo de entender o Evangelho de amor que deveriam seguir sem excessos de formalismos ou de complicações teológicas, disfarçando a própria vaidade e acreditando-se fundadores de religiões...

Esse combate é de largo tempo, remontando aos primórdios do pensamento, muito bem exarado na rebeldia de Lúcifer contra Deus, conforme o mito bíblico.

Sucede que as paixões inferiores em predomínio no Espírito durante o seu desenvolvimento intelectual e moral, não cedem às sublimes conquistas do amor sem grandes embates e sacrifícios.

Neste momento, instalando-se as anomalias morais do prazer exorbitante, o intercâmbio doentio entre as falanges do mal e as criaturas humanas distraídas predomina em contínuas vitórias...

Houve uma nova pausa nas reflexões, de modo que pudéssemos perceber a gravidade do programa, a seguir, enunciando:

– *Certamente, a transição planetária opera-se inexoravelmente, mas poderia caracterizar-se por menos contributo de dores conforme vem ocorrendo por opção humana. Os missionários do amor e do conhecimento que vêm envergando a indumentária carnal, e aqueloutros que logo mais os seguirão necessitam de encontrar joeirado o terreno humano, a fim de ser acelerada a realização sublime...*

De certo modo, todos conhecemos esse labor sacrificial e estamos relativamente acostumados à faina da paciência e do trabalho.

Ao Santo de Assis foi feita urgente solicitação de socorro, por antigos discípulos seus na Úmbria dos dias passados, que se reencarnaram com o objetivo de erguer uma instituição terrestre moderna dedicada à caridade, sem fugir à simplicidade do seu amoroso coração. Profundamente sensibilizado, ele fez-se benfeitor do projeto e intercedeu junto a Jesus, suplicando-Lhe as bênçãos, em favor da sua realização.

Lentamente, os obreiros foram renascendo no corpo físico, reencontrando-se uns com os outros, reconstruindo a família espiritual da qual provinham, e surgiu um amanhecer de esperanças para os sofredores do mundo físico. A obra materializou-se sob as luzes de o Consolador, tornando-se uma referência de dedicação a Jesus em ambos os planos da vida.

Amigos devotados que permaneceram em nossa área de ação passaram a inspirá-los, a protegê-los, a enviar cooperadores abnegados para os auxiliar. À medida que crescia, a sociedade passou a enfrentar dificuldades superlativas que foram vencidas com altivez cristã e vem beneficiando milhares de Espíritos.

Núcleo de trabalho para obreiros de nossa esfera, adquiriu o selo da mansidão do Mestre que tem conhecimento do seu significado espiritual.

Multidões são beneficiadas pelas ações meritórias, pelas instruções doutrinárias, pelos serviços evangélicos realizados. Obsidiados recuperam-se das perseguições e aderem ao trabalho de amor, depressivos entregam-se à laborterapia e a ignorância é esclarecida mediante as luzes da educação.

Compreensivelmente, vem despertando grande simpatia, enquanto que, também, vem inspirando as animosidades dos ciúmes doentios, das competições desenfreadas da vaidade, das críticas contumazes e amargas, bem como de perseguições francas e desvairadas. No entanto, resiste como a embarcação segura bem conduzida na tempestade, graças aos nautas que a comandam com amor e simplicidade...

Incluída no mapa das instituições nobres que irão contribuir em favor da grande transição planetária, conforme já vem sucedendo, chamou a atenção dos tradicionais inimigos do Senhor Jesus, que agora se voltaram com decisão para derrubá-la.

Porque os seus membros unem-se na fé e no trabalho, vêm acompanhando-os, aguardando qualquer falha que surja, a fim de penetrarem na fortaleza em que se constitui, minando-a interiormente.

É o que agora vem sucedendo lentamente. A presunção e a rudeza de um dos seus membros, ambicioso e infantil, insensato e agressivo, passaram a impor-se, gerando inquietação e tornando-se a brecha moral para a invasão do senhor da sombra, Entidade infeliz que, desde o fim do século XV, tornou-se adversário de Jesus.[2]

Pessoalmente passou a comandar a mente do companheiro invigilante e notamos a gravidade do momento. Os bons trabalhadores dão-se conta do perigo e estão buscando inspiração para providências imediatas antes que sejam causados danos irreversíveis e, em oração, têm apelado para o Pobrezinho de Deus, que assume o comando geral da instituição, havendo-nos convocado para a delicada tarefa de remoção do obstáculo com socorro ao desvairado, já que "o Pai não deseja a morte do iníquo, mas sim a da iniquidade"...

Uma programação está elaborada, incluindo-vos a todos que ireis a diferentes Sociedades Espíritas auxiliar os abnegados servidores do Messias Nazareno, enquanto que nós outro e pequeno grupo iremos, inicialmente, atender à nau em quase soçobro e outras tarefas posteriores...

Mais tarde, após esta reunião, o nosso irmão Hildebrando enunciará os nomes dos nossos companheiros e serão formadas as demais equipes que seguirão conosco à Terra para o trabalho de amor e de proteção aos queridos servidores fiéis à verdade.

---

2. Vide os capítulos 19 e 20 (Preparação para o Armagedom espiritual e O enfrentamento com a treva) do nosso livro *Transição planetária,* Editora LEAL (nota do autor espiritual).

Que o Senhor nos abençoe o empreendimento fraternal e nos ajude a servir conforme Ele o fez em relação a todos nós.

Paz sempre em nossas vidas com Jesus!

Quando retornou à mesa, harmonias siderais invadiram o recinto e delicadas pétalas de luz caíram sobre nós, desaparecendo em contato com o nosso *corpo*, penetrando-o com balsâmica energia.

Emocionados e absortos na contemplação de cenas que se apresentavam num grande painel acima do palco, estávamos todos profundamente comovidos.

Tratava-se de um espetáculo no circo de Roma, nos primórdios da fé cristã, quando os mártires eram atirados à arena para o holocausto.

Sensibilizados, não podíamos dominar as lágrimas e a imensa gratidão a esses heróis do amor e da santificação que se imolaram em favor da divulgação do Evangelho de Jesus, naquele áspero período.

As lutas continuavam muito mais amenas e estávamos sendo convidados à entrega ao inolvidável Rabi.

A nós todos não havia outra alternativa, exceto seguir-lhes o exemplo.

3

PLANEJAMENTO DE ATIVIDADES ESPIRITUAIS

A seguir, o amigo Hildebrando leu uma lista de nomes para a formação das respectivas equipes que se deveriam reunir, logo depois, em outras salas do edifício, a fim de serem discutidos os planos de atividades a serem desenvolvidas e os lugares onde deveriam ser executadas.

Surpreendido e sinceramente agradecido ao Senhor Jesus, fomos citado e convidado a apresentar-nos no local próprio, com mais outros quatro amigos, que foram espiritistas na Terra, e conhecidos nossos, que nos permitiram participar das suas experiências caritativas, algumas das quais narramos em obras anteriores.

Com imensa alegria pude abraçar o venerando José Petitinga, trabalhador incansável do Evangelho que, bondoso e gentil, demonstrou muito júbilo pelo nosso reencontro. Igualmente reencontramos o missionário sacramentano Eurípedes Barsanulfo, cuja harmonia interior cativante nos mimetizava de equilíbrio e de paz, evocando, no breve momento, realizações que desenvolvemos juntos em época não muito distante. Também, emocionadamente, estava em nosso pequeno grupo, o nobre servidor do

Mestre nazareno, o ex-hanseniano Jésus Gonçalves, cuja experiência evolutiva decorrente das conquistas ao longo das reencarnações, concedera-lhe a nobreza moral de que desfrutava. Sob a coordenação do apóstolo Dr. Bezerra de Menezes, que supervisionaria o labor, tínhamos o grupo organizado, dirigindo-nos para a sala que nos fora reservada.

Ao chegar, o honorável mentor, utilizando-se da técnica de projeção de imagens numa tela de imaculada brancura que se encontrava presa à parede do fundo da sala, explicou-nos:

– *As cenas que veremos estão sendo enviadas diretamente da Instituição Espírita, que é um dos móveis da nossa próxima visita e atividade no planeta querido.*

De imediato, silenciou, a fim de que pudéssemos observar a movimentação espiritual da Casa dedicada à divulgação e vivência do Espiritismo.

Tratava-se de uma noite de exposição da Codificação Espírita e, naquele momento, o orador estava terminando a tarefa doutrinária. Pudemos observar que se encontrava inspirado pelo mentor da Casa, enquanto a assistência expressiva dos ouvintes recebia conveniente socorro bioenergético.

As câmeras que nos transmitiam as imagens focalizavam as pessoas atentas, exatamente no momento em que estava sendo proferida a prece de encerramento dos trabalhos.

A unção que a todos dominava produzia uma vibração de alta potência que era correspondida por verdadeira chuva de fascículos de luz que caíam sobre todos, penetrando-os, enquanto alguns Espíritos benfeitores assistiam os seus afetos, envolvendo-os em ondas sucessivas de harmonia balsâmica.

Uma jovem, em lamentável processo depressivo, que se mantivera imersa na própria angústia, enquanto era vampirizada por um adversário perverso e inclemente, ao aspirar a psicosfera ambiente que se fazia muito sutil, pareceu despertar do torpor que a martirizava, e deixou-se dominar pelas lágrimas, sem qualquer desespero, qual se fora uma catarse das emoções infelizes que experimentava. Pela memória passaram-lhe as cenas da infância, alguns sofrimentos com a orfandade materna e os maus-tratos da segunda esposa do genitor, que lhe desencadearia o tormento psicológico mais tarde, conforme ocorreu, também decorrente da injunção obsessiva do perseguidor desencarnado, e, nesse evocar das lembranças, recordou-se da mãezinha com quem convivera somente até os quatro anos...

Naquele instante, a genitora, radiosa, acercou-se-lhe e beijou-a ternamente, balbuciando palavras de ânimo e de encorajamento que ela captava como estímulos abençoados.

Um dos Espíritos encarregados dos passes na sala de largas proporções e que se encontrava a postos, passou a aplicar-lhe a terapia própria, conseguindo deslindá-la dos fluidos do inimigo irado que se sentiu vencido nos propósitos de levá-la ao suicídio. Com essa ideia havia sido ela conduzida ao Centro Espírita por uma familiar devotada, dando-se, então, conta do que lhe iria suceder, e ao contato das energias saturadas de vigor e de paz, foi lentamente diminuindo o pranto e *escutando* a voz intracraniana da abnegada mãezinha, que agora encontraria ressonância para ajudá-la no processo de libertação do transtorno que se apresentava sob os dois aspectos: o psicológico e o obsessivo...

Quando as luzes aumentaram o nível de claridade, já que o salão ficara suavemente iluminado para a etapa final da reunião, a amiga surpreendeu-se com o aspecto da paciente, que lhe murmurou timidamente:

– *Não sei o que se passou há pouco. Somente posso constatar que estou invadida por um bem-estar que havia desaparecido de mim nos meses últimos. Tive a sensação de rever minha mãe e de ouvi-la emocionada, encorajando-me. Uma estranha ocorrência me tomou, como se eu houvesse sido desatrelada de algo constringente que me esmagava o tórax e detinha meu pensamento na ideia fixa do suicídio... Pude orar, o que não fazia há muito tempo.*

Ato contínuo, segurou a mão da prima, num gesto de gratidão, quase sorrindo, enquanto a acompanhante emocionada lhe retrucou:

– *Jesus ouviu-nos as rogativas e você está sendo abençoada pela oportunidade do refazimento.*

Após um pequena pausa, concluiu:

– *Isto, porém, não representa a cura, e sim a primeira vitória no processo de recuperação. Os medicamentos irão auxiliando-a no reequilíbrio das neurocomunicações, graças às substâncias responsáveis pela alegria e pelo bem-estar, enquanto a terapêutica espírita afastará algum adversário desencarnado que se compraz com o seu estado depressivo e, certamente, planeja arrebatá-la do corpo, para prosseguir no infeliz processo vingador... Essa batalha você a vencerá com o esforço próprio e as bênçãos dos Céus. Não abandone o recurso benéfico agora ao seu alcance, mas permaneça vigilante, porque o Espírito que foi afastado tentará voltar, e o fará com mais força e revolta.*

A jovem abraçou a familiar e pediu-lhe:

– Ajude-me na minha fraqueza e não me deixe sucumbir. Agora eu sinto o poder de Jesus em minha vida... Necessito vencer esse mal que me toma e viver, a fim de poder ser útil a mim mesma e à Humanidade.

Retribuindo-lhe o afeto espontâneo, a esclarecida companheira anuiu de boa mente, arrematando:

– Tudo que estiver ao meu alcance dedico-o a você, mas a parte mais difícil e persistente é a que lhe diz respeito, em razão dos seus compromissos para com a vida...

Mãos dadas, afastaram-se da sala, espiritualmente amparadas pela genitora da paciente.

Percebi que todos que acompanhávamos a ocorrência estávamos com os olhos marejados de lágrimas.

Observávamos os frequentadores de saída.

Duas senhoras conversavam animadas... Uma delas, assim que alcançou o pátio externo da entrada, referiu:

– Não há dúvida sobre a beleza da mensagem que o nosso irmão nos apresentou. Achei-a, entretanto, muito longa, um tanto cansativa, e confesso que não pude acompanhar o seu raciocínio, mesmo porque observava o comportamento de dona Fulana, que teve a coragem de vir à reunião quase despenteada... Você não acha que ela deve estar com algum problema, porquanto ultimamente anda desarrumada, quieta?...

E enquanto se permitia a maledicência, atraiu antigo comparsa desencarnado que a explorava psiquicamente e que ficara retido nas barreiras de entrada do salão doutrinário...

A outra, serena e gentil, respondeu-lhe:

– Penso diferente de você. Não posso entender como uma palestra rica de otimismo e de diretrizes formosas para a nossa felicidade em um período de 45 minutos apenas possa parecer-nos cansativa e tediosa. Lamento não haver sido mais

demorada, porquanto estava aplicando os ensinamentos em minha conduta e descobrindo determinadas falhas emocionais, que procurarei corrigir a partir de agora...

Quanto a dona Fulana, estou informada de que o seu esposo desencarnou de maneira trágica em um cruel acidente, há menos de um mês e que ela se comportou com a nobreza de uma verdadeira espírita, embora encontrando-se despedaçada interiormente, mas digna e encorajada a prosseguir. É natural, portanto, que se encontre triste, e não a vejo tão desarrumada como você aponta. É uma questão de óptica... Vejo-a em reflexão profunda quanto aos reais valores da existência, as suas surpresas e a maneira de as enfrentar, superando os cuidados superficiais que tanto merecem nossa atenção...

Sentindo-se desencorajada na insensatez, mas pertinaz na crítica, arrematou:

– *Ocorre que você tem sempre uma desculpa para tudo. Esse é o seu mal, pois que sinto que você é espírita demais para o meu gosto.*

A amiga, que não desejava discussão, sorriu e encerrou o diálogo infeliz.

Outras observações facultaram-nos entender como a mensagem do bem encontra guarida nos ouvintes de acordo com os seus interesses e compromissos morais.

Nesse momento, o expositor começou a atender a imensa fila de pessoas aflitas que vieram à reunião a fim de solicitar-lhe diretrizes e auxílio, conforto e amparo espiritual.

Bondosamente e com jovialidade, inspirado pelo seu mentor espiritual, permaneceu às ordens de cada um, enquanto a sala se esvaziava.

O trânsito de desencarnados tornou-se mais expressivo, porquanto, logo depois, haveria reunião especial para atender as suas necessidades variadas. Entidades generosas apontavam os lugares que deveriam ser ocupados, enquanto uma suave melodia que ecoava no ar envolvia os recém-chegados...

Nesse momento, a transmissão foi suspensa e o venerável mentor explicou-nos:

– *A instituição que estivemos vendo em plena atividade servir-nos-á de sede para a ação durante os próximos trinta dias, que esperamos sejam suficientes para o atendimento aos compromissos que nos dizem respeito.*

Neste grave período de transição planetária para mundo de regeneração, aperta-se o cerco do sofrimento às criaturas humanas e os Espíritos resistentes no mal percebem que não poderão continuar nas façanhas infelizes a que se entregam. Em consequência, enfurecidos e revoltados, agridem com maior ferocidade aqueles que se lhes emaranham nos ardis, como se esperassem driblar os Planos Divinos.

Todo o planeta está envolto por dificuldades crescentes, decorrência natural da incúria e do egoísmo da própria criatura humana ao longo dos milênios.

Antes, tinha-se a impressão de que o poder das armas solucionaria qualquer dificuldade entre as nações, mas agora, as graves problemáticas são internas em todos os países, resultando nos desconcertos inumeráveis que vêm produzindo prejuízos inesperados nos povos que, infelizmente, ainda não despertaram para a verdadeira fraternidade.

A fome dizima multidões na África sofredora, em guerras tribais sem fim, assim como em quase todos os países, as revoluções internas sacodem aqueles vitimados pelas ditaduras impiedosas, as religiões fanáticas estremecem, as finanças internacionais sofrem o impacto da incompetência de muitos administradores e as enfermidades de etiologia variada despedaçam corpos, mentes e corações confrangidos.

No sermão profético, narrado pelo evangelista Marcos, no capítulo XIII, quando Jesus se refere aos grandes fenômenos referentes ao fim dos tempos morais desditosos, declara que se não fosse pelos eleitos que (o Pai) escolheu, as dores seriam muito mais terríveis.

Esses Seus eleitos são todos aqueles que se permitiram por Ele eleger em razão da sua conduta e da sua dedicação e respeito às Soberanas Leis.

Nesse painel de desafios e padecimentos, a Pátria do Evangelho experimenta igualmente os efeitos danosos das desigualdades sociais, das minorias sofridas e abandonadas, da indiferença dos poderosos, da corrupção absurda e da indébita utilização dos recursos públicos, que deveriam ser aplicados a benefício do povo necessitado...

Medidas paternalistas e eleitoreiras são tomadas, sem que as causas da miséria sejam removidas pela educação das novas gerações, cada vez mais abandonadas na formação do caráter e no respeito aos direitos humanos, mediante leis justas e devidamente cumpridas...

O abençoado reduto doméstico perdeu o rumo, e a alucinação tomou conta de quase todos os segmentos sociais.

Claro está que não nos compete censurar os infelizes administradores, mas sim lamentá-los, tendo em vista que eles volverão ao proscênio terrestre para recolher os calhaus e pedrouços que deixaram aguardando-os, vestidos de dor e merecendo compaixão, ou quiçá irão expungir a culpa em dimensão inferior à Terra que desonraram e agrediram com a sua indiferença e crueldade...

Como sempre, os instrumentos de que nos utilizaremos nas atividades desenhadas pelos nossos mentores serão sempre aqueles que se encontram no Evangelho de Jesus: o amor, a bondade, a compaixão, a esperança, a caridade...

Não fomos eleitos para o reproche, a reclamação nem o revide, e sim para a compreensão e o sentimento de solidariedade em qualquer circunstância e condição.

Muitas armadilhas nos esperam, situações complexas e embaraçosas estarão à nossa frente, no entanto, em todos os momentos o Senhor estará amparando-nos e inspirando-nos a melhor diretriz.

Em nossa programação seremos convocados a momentos muito difíceis, no entanto, confiando em Deus, não tombaremos na tentação de resolver todas as dificuldades, compreendendo que as leis se cumprem conforme foram desencadeadas por cada um.

Nas atividades de socorro desobsessivo, deixemo-nos compadecer pelos sofredores, sem olvidar, no entanto, os mais infelizes, que são aqueles que permanecem dominados pelo ódio prolongado, sem qualquer momento de paz, havendo-se tornado sicários. Na condição de terapeutas espirituais junto aos nossos irmãos igualmente desencarnados, a compaixão em relação à sua desdita deve ser uma normativa que nos impedirá de sintonizar na faixa da sua ira e da sua crueldade. Embora usando de energia em relação aos Espíritos odientos, Jesus deles se compadecia sempre.

Desse modo, uma das pautas essenciais da nossa excursão é o socorro à Instituição ameaçada e o atendimento aos novos viajores da indumentária carnal, que se apresentam originados de outra dimensão para as grandes mudanças que se vêm operando e que se farão mais rápidas e volumosas...

Orando e deixando-nos embalar pela canção das bem-aventuranças, conseguiremos desincumbir-nos a contento do compromisso que nos está sendo confiado.

Nesse momento, pausou e, generoso, solicitou ao irmão Eurípedes que proferisse uma prece de gratidão a Jesus, o que foi realizado com inolvidável emoção, assinalando o dia seguinte para que rumássemos, ao entardecer, na direção da mãe generosa, nossa Terra querida.

4

ATIVIDADES ABENÇOADAS

Quando a nossa equipe acercou-se da nobre Instituição terrena, a Natureza murmurava o *Angelus*, levando-me às recordações do solo natal que me servira de berço na última reencarnação. Era um bucólico recanto do interior do estado da Bahia, pequeno burgo habitado por pessoas simples e fraternas, que cultivavam a crença religiosa vigente com respeito e elevação espiritual. Aquela era sempre uma hora de recolhimento, quando se evocava a Mãe Santíssima de Jesus.

As recordações tomaram-me todo o ser e o sentimento de gratidão enriqueceu-me de forças para a dedicação exclusiva ao serviço do Senhor.

Naquele momento de rica primavera terrestre o Sol dourava as nuvens alvas espraiadas pelo zimbório celeste, apresentando um espetáculo de rara beleza no cambiante das cores que formavam e modificavam o leque de luz sobre os montes distantes.

O tumulto da civilização moderna ensurdecia, porém, acostumadas às circunstâncias do cotidiano, as criaturas movimentavam-se automaticamente, buscando os veículos para o retorno aos lares.

Aproximamo-nos do reduto espiritual que nos hospedaria durante os labores programados e suas portas abençoadas estavam abertas de par em par para o acesso de todos quantos o desejassem.

Laboratório de auxílio, também santuário de amor, recebia expressivo número de visitantes de ambos os planos da vida, que para lá se dirigiam em busca de orientação e paz para as aflições que lhes minavam as resistências morais e orgânicas, sendo atendidos por servidores dedicados e conscientes da sua responsabilidade.

Os trabalhadores, vigilantes ao número crescente de necessitados que a toda hora buscavam ajuda, haviam concertado que a Instituição estaria aberta desde as primeiras horas do dia até as avançadas da noite, como um Ambulatório espiritual, considerando-se que o sofrimento não tem hora para manifestar-se, sendo necessário que o socorro se encontre acessível quando ocorrer a dor...

Recebidos carinhosamente pelo dirigente espiritual que nos aguardava com jovialidade, apresentou-se, esclarecendo que se encontrava comprometido com o grupo de trabalhadores locais, desde os recuados dias de Assis, na alvorada do seu Santo Ministério, quando se comprometera negativamente na direção de um monastério que, embora os propósitos de reviver Jesus, a ignorância medieval e a presunção humana empurraram para a pompa e o desvirtuamento do pensamento e atitudes do *Cantor de Deus...*

Depois de alguns renascimentos dolorosos, carregando a cruz do remorso e sorvendo o fel da amargura pelo fracasso, todos estavam reencontrando Jesus na Seara

Espírita, trabalhada na imortalidade do espírito e no propósito da revivescência do Seu Evangelho libertador.

Hermano – como esclareceu ser o seu próprio nome, esse já era um convite à mais lídima fraternidade a que se dedicava com alegria e gratidão a Deus – convidou-nos a adentrar-nos pelo salão de conferências que tivéramos a oportunidade de conhecer por meio da projeção em nossa colônia, e dirigimo-nos a um recinto localizado ao lado da sala reservada ao concurso mediúnico, que se encontrava adrede equipada, aguardando-nos.

Informado anteriormente a respeito do programa que deveríamos executar, havia-se prontificado com os demais benfeitores da sociedade a contribuir valiosamente para o êxito do empreendimento.

Desse modo, haviam sido tomadas providências compatíveis com os serviços que seriam realizados, de modo que tudo estivesse em ordem no momento próprio.

Cuidadosamente assepsiada, sem a presença de vibriões mentais e outras construções ideoplásticas morbíficas, muito comuns em ambientes coletivos, aquele era um espaço reservado aos atendimentos de alto e grave significado.

Dr. Bezerra, após agradecer a generosidade do novo amigo e seus cuidados, pediu licença para elucidar-nos que dispúnhamos de duas horas para o recolhimento ou para movimentação pelo edifício, tomando conhecimento dos seus serviços fraternais, desde que, às 20 horas, deveríamos estar juntos, pois que, nesse momento, teriam início os trabalhos de socorro espiritual aos desafortunados do Além-túmulo. Simultaneamente ao ministério mediúnico, no salão de entrada operar-se-ia a terapia de assistência aos enfermos do corpo e da alma, mediante o estudo de um texto de *O Evangelho segundo o Espiritismo*, de Allan Kardec, e a aplicação de passes coletivos nos assistentes.

Preferimos, pessoalmente, permanecer na saleta em que nos encontrávamos, preparando-me para os eventos de alta relevância para os quais não me encontrava nas condições exigíveis.

Aquelas duas horas foram aplicadas nas recordações dos labores da última existência e no júbilo de constatar como os benfeitores espirituais trabalham sem que as criaturas humanas tenham conhecimento. Distantes de qualquer sentimento de receber gratidão, operam ininterruptamente pelo bem do próximo e pelo progresso moral da sociedade.

Quando for melhor entendido esse concurso espiritual, no intercâmbio consciente das energias dos habitantes dos dois planos, muitos males serão evitados pelos viandantes da argamassa celular.

Evocamos, então, a utilidade do controle mental e das reflexões em torno das ideias edificantes, evitando o cultivo do pessimismo, da queixa, da reclamação, do mau humor. Por esse comportamento elevado, o Espírito encarnado liberta-se do casulo da infelicidade em que se encarcera, desenvolvendo a habilidade de voar psiquicamente no rumo das regiões felizes que a todos nos aguardam oportunamente.

Não me dei conta da rapidez com que se sucederam os minutos, quando todos estavam de volta e nos predispusemos ao início do labor.

O nobre benfeitor convidou-nos a uma oração em forma de rogativa a Jesus em favor do programa a ser desenvolvido, facultando-nos condições próprias para o desempenho do que viria ocorrer depois.

Com excelente disposição interior, no momento em que se preparava o auxílio iluminativo pela palavra aos necessitados, Dr. Bezerra convidou-nos a adentrar na ampla sala para um atendimento especial.

A lição da noite abordava o tema do perdão como condição primacial para a conquista da saúde e da paz.

O expositor recordou o Mestre abençoando os inimigos e socorrendo-os com misericórdia, num apelo aos presentes para que se libertassem do morbo da mágoa e das vibrações perniciosas desse doentio ressentimento...

Chamou-nos a atenção uma jovem portadora de grande beleza física, que exsudava energia escura de natureza pestífera defluente do pensamento atormentado e dos vícios a que se entregava.

O *médico dos pobres* aproximou-se-lhe conosco e pediu-nos que a observássemos mais cuidadosamente.

Com todo respeito procuramos penetrar nas suas paisagens mentais, objetivando melhor ajudá-la, e acompanhamos as suas sofridas reflexões do momento.

Pudemos perceber que se tratava de uma jovem acompanhante de cavalheiros solitários, que vivia do hediondo comércio do sexo sem responsabilidade. Simultaneamente, dependia de um explorador profissional que a exauria e a quem se entregava em busca de carinho na terrível solidão que sofria...

Naquele ambiente de paz que a atraíra, quando passara de automóvel, rumando ao local de *trabalho*, sentiu-se sensibilizada pelo nome que se encontrava à porta do edifício e que sempre a intrigava: Sociedade Espírita Amor e Caridade.

Antes não lhe dera maior atenção, no entanto, nesse dia, em razão da angústia que a visitava, resolveu conhecer a Instituição e procurar informações que, pela inspiração divina, culminaram em motivá-la a ficar, a fim de ouvir os comentários da noite e, posteriormente, poder conseguir orientação espiritual.

Relaxando das tensões contínuas, começou a evocar o passado, que sempre evitava, por considerar que as recordações somente lhe traziam sofrimento.

Desse modo, lembrou-se da genitora que a iniciara na existência fútil, desde a primeira infância, transferindo os conflitos e aspirações para a sua ingenuidade, preparando-a para os desfiles da ilusão.

Bonequinha humana, era apresentada como modelo infantil em toda parte, mais tarde em perversos programas de televisão que disputam glórias e prêmios, fama e dinheiro, tornando-se conhecida e disputada pelas revistas de maledicência e de sexo atormentado.

Aos 16 anos, já havia aprendido a arte da dissimulação e as mais apuradas técnicas de exploração, amealhando com a ajuda materna, sempre hábil e ambiciosa, valores que as promoviam na sociedade, mas que não lhes harmonizavam os sentimentos sempre expostos nem lhes preenchiam o vazio existencial.

Desencarnando a pobre genitora, ela ficara a sós, já que era também órfã de pai vivo, presa às fantasias mundanas sem o amadurecimento psicológico para a conquista de uma existência feliz.

Compreendendo que o luxo e o exibicionismo não lhe concediam a plenitude, passou a cultivar grande ressentimento contra a genitora que a empurrara para as experiências destrutivas e ornadas de ouro...

Invejava as moças simples e trabalhadoras, estudiosas e esforçadas que ambicionavam a construção de um mundo melhor, por intermédio da família amorosa, enquanto também era invejada por imensa legião de meninas sonhadoras, que ignoravam o preço vil da fama e da corrupção moral.

Naquele momento, encontrava-se num terrível dilema, e ali estava em busca de socorro.

Fazia pouco, descobrira encontrar-se em gestação, em face das alterações orgânicas e da confirmação posterior mediante exame especializado.

Chegara a sentir alguma alegria ante o pensamento da presença de um filhinho nos braços enriquecendo suas horas de solidão. No entanto, ao comunicar ao proxeneta que a explorava, fora rudemente rejeitada e acusada com crueldade:

– *Como atribuir-me a paternidade desse ser* – rilhara ele entre dentes cerrados –, *considerando os seus relacionamentos múltiplos?*

Tomada de surpresa, explicou-lhe que sempre tomava cuidados preventivos à gravidez com todos os companheiros, mas com ele sempre se entregava de corpo e alma, sem qualquer reserva, porque o amava...

Cínico e cruel, ele revidara:

– *Você chama nosso relacionamento de amor? Você sabe que não amo a ninguém. Eu sou um profissional, não sinto nada especialmente com quem quer que seja. É certo que convivemos, que passamos alguns períodos alegres juntos, mas isso não significa qualquer compromisso de minha parte.*

Ela sentiu-se excruciada, sem poder, sequer, chorar...

Logo, porém, ele propusera:

– *Como se trata de algo recente, que irá perturbar seriamente o nosso negócio, o ideal é expeli-lo, mediante o uso de medicamento eficaz e seguro. Se o fizer, terá todo o meu apoio. Em caso contrário...*

E retirou-se espumando de ira.

Ficara perplexa! Sabia-o explorador de mulheres, mas pensava que talvez com ela houvesse algo mais...

Em face do choque experimentado, passou a sentir uma grande repulsa pela ideia da maternidade, de prosseguir com a gestação.

Fora àquele lugar na expectativa de receber ajuda sobrenatural, conforme se lhe apresentava a questão da imortalidade e do Espiritismo...

Ouvia as considerações do expositor com o pensamento no ato abortivo.

O que nos surpreendeu foi a palavra do mentor, explicando-nos que o Espírito em projeto de reencarnação era a própria genitora de volta.

Ao despertar no Além-túmulo, fora tomada de angústia ao acompanhar a filha pelos sombrios corredores da autodestruição moral, dando-se conta da sua responsabilidade, sentindo-se detestada. O arrependimento e a culpa tornaram-se-lhe cruéis padecimentos íntimos, que a imantavam à jovem, vendo-a exposta e abandonada... Ao mesmo tempo, deparara-se com ignominioso inimigo desencarnado que se vinculava à moça, roubando-lhe as energias vitais que a consumiam, levando-a, muitas vezes, à estafa, à exaustão, à perda de sentido existencial.

Agora, diante da recusa do explorador que se negava à paternidade, pôde captar as vibrações da genitora ansiosa pelo perdão e pela oportunidade reparadora, anuindo emocionalmente à sugestão criminosa do aborto...

Tratava-se de uma trama infeliz e muito complexa.

Como, porém, ninguém se encontra a sós, ao abandono, o seu guia espiritual, que se esforçava por melhor ajudá-la, no momento em que passava pelo edifício de nome conhecido, inspirou-a a saltar e buscar socorro, o que a fez mudar o curso das atividades naquela noite.

Nosso mentor aplicou-lhe passes dispersivos nos chacras coronário e cerebral, a fim de deslindar o algoz desencarnado que nela se fixava com ferocidade, em seguida adormeceu-o com indução hipnótica, solicitando aos amigos Petitinga e Eurípedes que o conduzissem à sala mediúnica, o que foi realizado imediatamente com misericórdia e compreensão.

A seguir, propôs a Jésus Gonçalves permanecer ao seu lado, assistindo-a e acompanhando-a posteriormente ao atendimento fraterno, enquanto nós outro com ele dirigimo-nos à atividade desobsessiva.

5

PROCEDIMENTOS LIBERTADORES

A palestra encerrava-se, e chegara o momento dos passes coletivos, quando os benfeitores desencarnados aplicavam as energias salutares nos necessitados.

Ao som de suave melodia pelo serviço de alto-falantes, os médiuns habilitados postaram-se pelos corredores do salão entre as filas de poltronas e enquanto se faziam emitidas vibrações verbais e mentais pelo expositor, com voz tranquila e bem modulada, eram carreadas as energias benéficas em favor de todos aqueles que se predispunham a deixar-se penetrar.

Seguindo à sala mediúnica, verificamos que os trabalhos estavam em pleno desenvolvimento. Duas Entidades muito sofredoras, mediante a psicofonia atormentada, expressavam as suas angústias, o desespero que as acompanhava além da morte física, carinhosamente atendidas por meio da psicoterapia da palavra esclarecedora do dialogador, enquanto, simultaneamente, recebiam o contributo vibratório do mentor da reunião.

Os dois médiuns disciplinados externavam os padecimentos dos comunicantes sem alarde nem qualquer nota de escândalo, permitindo que o socorro lhes chegasse de maneira eficaz.

Pudemos observar que, enquanto os psicoterapeutas de desencarnados, com o pensamento fixado em Jesus, dirigiam a palavra fraternal de recepção, exteriorizavam em ondas contínuas vibrações em tonalidade azul-prateada que alcançavam os comunicantes, balsamizando-lhes as feridas morais. Não poderiam explicar a sensação de reconforto momentâneo que os tomava, porque, fixados nas lembranças perturbadoras e nos efeitos das ações nefastas da existência passada, retidas no perispírito, rebolcavam nos tormentos, expondo-os sem a necessária lucidez para escutar as orientações.

Nesse caso, com paciência significativa, cada dialogador resolveu utilizar-se da bioenergia, que o libertava da pesada carga de aflições, no que era auxiliado pelos cooperadores espirituais, facultando que fossem diminuídas as angústias dos visitantes, para posterior atendimento verbal.

Deslocados dos médiuns, muito melhor do que antes se encontravam, entraram em torpor hipnótico e foram colocados em macas especialmente distribuídas no recinto, para remoção posterior para a Colônia espiritual de apoio.

O benfeitor Hermano dirigia a reunião, constituída por vinte companheiros encarnados, entre os quais três médiuns psicofônicos e dois psicográficos, três dialogadores, dois passistas e cooperadores mentais que contribuíam com parte dos fluidos necessários ao êxito do cometimento.

Antes da reunião, Dr. Bezerra solicitara ao mentor dos trabalhos a devida permissão para o atendimento ao inimigo espiritual da jovem atormentada que se encontrava na sala contínua dos passes.

Desse modo, trazido à comunicação, foi utilizada a médium Celestina, viúva e genitora de dois filhos que educara com as claridades do Espiritismo e que faziam parte da sociedade como auxiliares, havendo granjeado respeito e afeto dos mentores, em razão da sua dedicação ímpar ao trabalho do bem, assim como à educação da mediunidade de que era portadora.

Aproximando o vingador inclemente do perispírito da médium, logo se deu a imantação com a sensitiva que estremeceu levemente, e notamos que algumas das glândulas endócrinas, especialmente a epífise, apresentou peculiar luminosidade que se estendeu à pituitária, à tireoide, descendo ao centro genésico, antes passando pelo plexo cardíaco, num sistema circulatório especial.

Automaticamente, a médium começou a falar, externando o enfado e o desgosto de ali encontrar-se.

Tratava-se da comunicação do indigitado espiritual.

Inicialmente, ele desejou prejudicar a médium, exteriorizando ondas de raiva carregadas de vibrações destrutivas, que poderiam afetar-lhe o sistema endocrínico e mesmo o sistema nervoso simpático, sem conseguir o objetivo, em razão das defesas naturais de que a senhora era portadora...

Logo depois, tentou deslindar-se do ímã perispirítico, responsável pela sua fixação à médium, culminando por enfrentar o diálogo em tom agressivo, interrogando:

– *O que se pretende de mim? Quem se atreve a deter-me na minha programática de vingança? O que está ocorrendo?*

Fortemente inspirado por Dr. Bezerra de Menezes, Marcelo, um experiente doutrinador, respondeu com bondade e lucidez:

– Pretendemos um contato com o amigo, a fim de estudarmos o seu problema e as razões do seu sofrimento, agora transformado em rude perseguição a quem certamente o prejudicou... Não desejamos impedi-lo de prosseguir no seu propósito, mas somente buscamos entender por que você se esquece da própria felicidade, mantendo-se na atitude rebelde do ódio que infelicita, e, por fim, explicar-lhe que, até este momento, o amigo agia conforme lhe parecia melhor. A partir de agora, porém, alteram-se as possibilidades de agressão, sendo você convidado à mudança de comportamento em seu próprio benefício.

E enquanto o Espírito blasonava, usando palavras quase desconexas, Marcelo prosseguiu:

– Talvez você ignore, embora haja morrido o seu corpo físico, que existem Leis Universais de amor, das quais ninguém consegue fugir, vicejando no Mundo espiritual onde se encontra. Nada acontece por capricho de quem quer que seja... As Soberanas Leis funcionam por automatismo e também pela interferência do pensamento daqueles que se lhes direcionam a mente suplicando ajuda e misericórdia. É o que está acontecendo em relação a você e à jovem que lhe experimenta os acúleos da perversidade.

– Você se refere à víbora destruidora de vidas?! Conhece, por acaso, a dissoluta e cruel, mascarada de angelitude? Insensível e interesseira, é uma destruidora de lares e de vidas. Provoca paixões, explora as suas vítimas e entrega-se a um infame comparsa que a devora...

– O amigo não se deve referir dessa maneira àquela que é sua vítima, porquanto, na condição em que se encontra, a sua energia muito contribui para o seu comportamento enfermiço.

– É natural que assim aconteça, porque igualmente me comprazo na sua forma desregrada de viver, participando de todos os seus conúbios sexuais que me facultam a vampirização das suas energias que me nutrem.

– Considera essa conduta como correta? Desde que lhe censura a maneira de viver, como se pode aproveitar da sua insensatez para fruir benefícios que nada mais são que desvarios e vapores morbosos que igualmente mais o degradam?

– Seria melhor que não se envolvesse conosco – rugiu, exasperado, quase espumando de raiva.

O semblante da médium apresentava-se congestionado numa transfiguração perfeita, refletindo a fácies do comunicante.

Agitando-a, desgostoso, o enfermo espiritual estridulou:

– Nosso relacionamento perde-se na ampulheta do tempo, quando a miserável, hoje vulgar, traiu-me, já assinalada pela infâmia que lhe é peculiar. Éramos casados e pais afetuosos, pelo menos era o que eu pensava, quando da invasão de Portugal pelas tropas francesas em 1808 pelo norte do país... Após instalar-se parte da tropa invasora em nossa cidade, a tresloucada apaixonou-se por um soldado sedutor e com escândalo de alta repercussão, abandonou o lar, deixando-nos, o que resultou na morte de um dos nossos filhos, vitimado por enfermidade cruel que lhe vinha devorando o corpo juvenil...

Sem nenhum pudor, transferiu-se do nosso burgo para outro, entregando-se ao bandido que a seduziu com facilidade.

Vitimado pela vergonha e pelo horror, mergulhei no abismo do ódio e deixei-me consumir por estranha tristeza que me levou à morte, abrindo espaço para que logo morresse também o nosso segundo filho...

Quando descobri que não havia morte, procurei-a com desesperado sentimento de vingança, não mais a encontrando, por longo tempo, senão quando, há pouco, fui atraído ao seu estado atual e entendi que ela havia voltado... Nosso filhinho morto prematuro era, agora, a sua genitora, que a entregou ao próprio destino e não sei por onde anda o nosso outro rebento...

Choro convulsivo complementou as suas últimas palavras, logo, porém, prosseguindo:

– *Grávida, sem o desejar, seria esse o caminho da sua reabilitação ante o crime cometido para com o abandonado, ajudando-o a recompor-se ante a falência na condição de genitora, que irei tentar impedir de consumar-se, a fim de trazê-la de volta para cá, onde a justiciarei, auxiliado por outras suas vítimas que também a esperam...*

Se existem lei e justiça, este é o meu estatuto de compensação, não desejando, senão, promover o equilíbrio entre os seus débitos e os males que a muitos continua fazendo.

Na pausa que se fez natural, Marcelo, fortemente inspirado pelo benfeitor, elucidou:

– *As Divinas Leis não são aplicadas em cobranças indébitas, mas sim em forma de mecanismos de reabilitação e de reequilíbrio.*

Sem dúvida, a insânia por ela perpetrada é muito grave, mas não lhe cabe o direito de fazer justiça porque o seu é um critério caprichoso e cheio de rancor, empurrando-o para a vingança insana. Deus não necessita do nosso apoio a fim de fazer que as Leis de Amor sejam respeitadas e aqueles que se comprometem recebam o necessário corretivo. Para tanto, existem as enfermidades depuradoras, as circunstâncias do destino, os fenômenos-problemas da afetividade e do relacionamento, os acidentes, as anomalias orgânicas e mentais, enfim, uma infinidade de métodos eficazes para a recuperação. Enquanto que ao ser aplicada a sevícia pela vingança, aquele que a perpetra cai no abismo dos crimes hediondos, por des-

conhecer a justa medida para a correção do equivocado. Não lhe cabe, portanto, o direito de desforço, por mais se justifique na condição de vítima...

– Mas eu odeio-a e hei de vingar-me...

– Em verdade, o que o atormenta não é o ódio, e sim a sua ignorância a respeito das Divinas Leis, porquanto à medida que mantém o veneno desse sentimento, mais se embriaga de luxúria e de perturbação, vinculando-se-lhe e passando quase a viver em função dos disparates morais que ela se permite. Encontra-se você na situação do explorador dominado pelo desejo do gozo ignóbil, passando a depender do comportamento doentio da sua vítima.

Já é chegado o momento de mudar o foco da sua aspiração para o encontro com a felicidade. Afinal, todo esse período passado fez-se caracterizar pelo seu sofrimento que pareceu não ter fim... Raia o momento da sua libertação das amarras constritoras das paixões inditosas.

Nesse momento, o venerável benfeitor aplicou energias no Espírito atormentado, enquanto o dialogador impôs-lhe:

– Recue no tempo e constatará que existem culpas na sua economia espiritual evolutiva, que justificaram os referidos padecimentos, que você poderia haver aproveitado como resgate, caso houvesse seguido as diretrizes da sua religião da época: perdão e misericórdia para com a infeliz, conforme Jesus aplicou em relação à mulher adúltera, narrada no Evangelho.

Porque a indução psicoterapêutica prosseguisse, o comunicante começou a contorcer-se mais nos fluidos da médium e, contemplando cenas de terrível conteúdo, começou a pedir socorro, sucumbindo ante os arquivos dos acontecimentos inditosos que lhe assinalavam uma das mais recentes existências transatas...

– *Não pode ser comigo o que se passa, o que estou vendo!* – exclamou, aterrorizado.

– *Exatamente, meu irmão, refere-se a você o que ora enxerga, proveniente dos arquivos da sua memória ancestral. O que você praticou de cruel tornou-se-lhe sementeira de desdita que lhe cumpria resgatar. O orgulho machista, porém, o temperamento rebelde e o egoísmo doentio não lhe permitiram assimilar a dor que se lhe acercou, deixando o filhinho desencarnar por indiferença. Você reclama da mulher que fugiu do santuário doméstico, acusando-a de responsável pela morte das duas crianças, sendo que você, afogando-se, na mágoa, também se olvidou de oferecer aos jovenzinhos solitários e infelizes o apoio de que eles necessitavam, no momento em que se tornavam órfãos de mãe viva... Ninguém pode erguer a clava da justiça contra os outros, porque igualmente encontra-se incurso em terríveis compromissos, que são sempre os geradores das situações deploráveis que acontecem.*

Observe bem a insânia de que foi portador, a prepotência perversa que lhe assinalou a existência e esqueça-se da postura de vítima, considerando que outros, por sua vez, experimentaram-lhe a impiedade, tornando-se-lhe vitimados pela sua indiferença e crueldade.

Concentrado profundamente, Marcelo percebia os quadros evocados pela memória ancestral do comunicante sob a ação da força regressiva imposta pelo abençoado Dr. Bezerra.

Transcorridos alguns minutos, demonstrando exaustão, o inditoso perguntou:

– *E agora, o que me sucederá?*

– *O Amor de Deus não tem dimensão* – respondeu-lhe o psicoterapeuta espiritual. – *Você será encaminhado a uma comunidade espiritual na condição de enfermo, onde receberá conveniente tratamento, renovando-se e adaptando-se a novo comportamento, deixando a nossa irmã inditosa prosseguir conforme estabelece a Lei de Causa e Efeito...*

Agora, repouse e durma em paz, a fim de despertar noutra dimensão e em condição diferente desta que vem vivenciando há quase duzentos anos...

Aplicando energias calmantes na médium, que alcançavam o Espírito, vimo-lo adormecer profundamente, sendo desligado e conduzido em maca ao lugar próprio para posterior remoção.

Dona Celestina recobrou a lucidez aureolada por vibrações de harmonia, desfrutando de excelente equilíbrio psíquico e emocional.

O benfeitor, exultante com a primeira fase da atividade socorrista, convidou-nos a seguir à sala onde, naquele momento, a jovem buscava o expositor para pedir-lhe orientação.

Havia um expressivo número de pacientes que esperavam com tranquilidade a sua vez, sendo chamados em ordem, no momento próprio, por um cooperador que se utilizava de uma lista adrede elaborada.

A visitante sentia-se emocionalmente dominada por um estranho bem-estar que não experimentava desde há muito tempo. Não sabia que se havia libertado da constrição doentia do perseguidor, nem mesmo podia identificar o fenômeno obsessivo de que era vítima.

Logo se sentou, para ser atendida, passou a respirar a psicosfera que se exteriorizava do trabalhador de Jesus, que a recebeu com visível simpatia, muito diferente de como era aceita onde se apresentava.

Deixando-a falar, ela expôs o seu drama, especialmente o desejo de abortar o ser em formação, sem explicar, naturalmente, a conduta que se permitia.

Comovendo-se durante a narrativa, com um sentimento de autocompaixão, por primeira vez, nos últimos tempos, foi dominada por leve tremor, qual se fora uma adolescente sem experiências, que realmente o era na área do bem e da verdadeira fraternidade.

Ouvida carinhosamente pelo amigo atendente, este explicou-lhe a gravidade do crime do aborto, solicitando--lhe que pensasse demoradamente antes de qualquer decisão. O fato de o pai não desejar assumir a responsabilidade não tinha a menor importância, porque o seu amor poderia preencher a lacuna deixada por aquela ausência.

À medida que lhe explicava sobre o *milagre da vida*, da imortalidade e da reencarnação, exteriorizava compaixão e fraternidade que a envolviam em dúlcida harmonia.

Simultaneamente, nosso benfeitor aplicou-lhe energias especiais e, ao terminar o atendimento, a jovem prometeu retornar à Instituição.

Saiu emocionada, e, ao tomar o automóvel, resolveu retornar ao apartamento, evitando seguir ao *trabalho*, de imediato comunicando a impossibilidade de atendimento ao cliente em pauta, sob a justificativa de mal-estar súbito.

Acompanhando-lhe a decisão feliz, o nobre mentor explicou-nos que, logo mais, ela seria trazida de volta à Instituição em desdobramento parcial pelo sono...

6

O SOCORRO PROSSEGUE

Demo-nos conta, nesse instante, de que todos aqueles acontecimentos não eram resultado de um simples acaso, mas da assistência de um Espírito nobre que a amava.

Curiosamente, ele apresentou-se-nos explicando que se tratava do antigo soldado francês que a desencaminhara, por ocasião da conquista da Ibéria pelas tropas napoleônicas.

Reconheceu, mais tarde, quando a velhice lhe concedeu compreensão profunda em torno da existência, os males que lhe houvera feito, porquanto, após usá-la por um bom período, ao retornar à pátria, abandonou-a, sem a menor compaixão, fascinado, agora, pelo regresso ao lar, onde viria a construir a família. A sua lembrança, porém, fixou-se-lhe na mente e na emoção pelo restante da existência física.

Envelhecido e dominado pela culpa, procurou remediar o mal que fizera pelo bem que poderia fazer, sendo que, no Além operou-se a sua transformação radical, pois que a encontrou em situação penosa, em região de infelicidade, de onde não a conseguiu resgatar.

Ambos retornaram à Terra nesse período em situação diferente e ele conseguiu conhecer o Espiritismo após a desencarnação de Allan Kardec, o que ocorreu na cidade de Tours, onde renascera novamente na França, às margens dos rios Loire e Cher, e conviveu com o apóstolo Léon Denis, havendo participado de inúmeras reuniões com o emérito escritor nascido na aldeia de Foug, nas vizinhanças de Toul e desencarnado naquela cidade de Honoré de Balzac...

Significativamente transformado, retornando à Pátria espiritual no começo do século XX, procurou reabilitar-se dos atos indignos anteriormente praticados com a consciência desperta para o bem, insculpindo o dever de reerguer aquela a quem excruciara e se tornara responsável pela desdita da própria família.

Chamara-se, durante a última existência, Philippe, mantendo-se discreto e tentando, sob todos os meios possíveis, auxiliar a antiga vítima, procurando detê-la na rampa do erro e dos compromissos infelizes...

Participava da equipe que trabalhava na Sociedade Espírita Amor e Caridade, e, tomando conhecimento das atividades que seriam desenvolvidas no período em que ali nos encontraríamos, solicitou a ajuda e a orientação do nosso mentor, o que culminou nos socorros que vinham sendo aplicados em favor da enferma espiritual.

Simpático e consciente das próprias responsabilidades, Philippe passou a participar da nossa equipe, no que concernia à assistência à jovem Martina...

Reflexionando, em silêncio, procuramos entender os divinos desígnios que sempre encontram recursos valiosos para a solução de todas as problemáticas geradas pela ignorância e pela imprevidência humanas.

Não me havia ocorrido antes a ideia de quem estaria sendo responsável pelos mecanismos socorristas da jovem equivocada que, de um para outro momento, resolvera por adentrar-se na Instituição por cuja porta passara indiferente várias vezes antes.

Ajustava-se, agora, a complexidade da ação a um programa cuidadosamente elaborado, que tinha por meta a libertação.

Retornando à sala mediúnica, acompanhamos outras comunicações espirituais atormentadas, sempre aprendendo as técnicas da compaixão e da misericórdia que ali eram aplicadas, em detrimento dos debates inúteis, recheados de palavras pomposas e vazias que não atendiam aos dramas e aos apelos dos sofredores.

A terapia espírita oferecida aos desencarnados em desespero difere de tudo quanto se aplica aos enfermos encarnados. A situação de ambos é muito diversa, pois que todos os seus padecimentos estão impressos no perispírito que registra as ações e os seus efeitos, necessitando de vibrações generosas de amor e de caridade para serem diluídas mediante novas fixações emocionais. As palavras, naturalmente, auxiliam no despertamento das aflições, no entanto, com mais eficiência quando carregadas de compaixão e de entendimento fraternal, sem reprimendas nem imposições pretensiosas de quem deseja doutrinar, convencer, modificar... O trabalho é de socorro, e não de domínio das mentes e dos sentimentos dos enfermos espirituais.

Quando, porém, apresentam-se Espíritos discutidores e recalcitrantes, nesse caso, ademais do sentimento de piedade em relação à sua ignorância, devem-se evitar as discussões infrutíferas que prejudicam a execução do trabalho, roubando o tempo da ação caritativa para os debates vazios da vaidade humana. Impedir-se, pois, essas tentativas de convencimento, encerrando a comunicação e deixando que os Espíritos superiores encarreguem-se de os atender, após o *choque anímico* resultante da comunicação, que é uma das finalidades básicas do recurso terapêutico.

Nesse *choque anímico,* o Espírito transfere ao médium pesada carga de fluidos deletérios que o dominam e infelicitam, enquanto se renovam por aqueles exteriorizados pelo sensitivo, beneficiando-se de imediato. E porque o médium pode eliminar essas energias enfermiças com facilidade, por meio da sudorese e de outros mecanismos orgânicos, em face da sua condição de paz e de equilíbrio emocional, o simples fato de ocorrer uma incorporação, mesmo que sem os esclarecimentos que, às vezes, tornam-se necessários, senão indispensáveis, o visitante desencarnado já consegue assimilar significativa quota de energia saudável.

No confronto com obsessores perversos e conscientes dos males que executam, ainda aí, o objetivo é socorrê-los sem os censurar nem criar conflitos mais profundos nos desditosos perseguidores.

Jesus é sempre o Modelo em todas as situações. Atendendo aos obsessos, compadecia-se dos seus perseguidores, e, ao *expulsá-los* dos pacientes, contava com a ajuda dos Seus cooperadores espirituais que se encarregavam de esclarecê-los. À Sua época e nas circunstâncias em que se apresentavam as obsessões, o ato curativo teria que ser imediato e sem delongas, de modo a demonstrar àquela *geração inculta* em torno dos quesitos espirituais o poder de que Ele se encontrava investido, diferindo, portanto, dos providenciais mecanismos utilizáveis na atualidade, nos santuários mediúnicos edificados pelo Espiritismo.

O formoso trabalho de iluminação encaminhou-se para a etapa final, quando haviam sido atendidos diversos casos de obsessão e de ignorância espiritual.

Chegada a fase terminal, o nobre Hermano proferiu a prece de encerramento, utilizando-se da inspiração que transmitiu ao Marcelo, na condição de dirigente dos trabalhos, e, ainda na penumbra da sala, os membros sorveram pequena dose de água fluidificada, afastando-se para outro cômodo preservando o silêncio.

Nós outros permanecemos movimentando-nos com os demais trabalhadores, auxiliando nas providências de remoção daqueles que foram atendidos e deveriam ser conduzidos à comunidade espiritual, enquanto outros que não puderam ser atendidos eram encaminhados para enfermarias na própria Instituição, tudo, porém, num clima de ordem e de respeito, como devem ser todas as atividades de natureza espiritual. Igualmente a sala foi assepsiada com aparelhagem especial, diluindo os fluidos mais pesados que aderiram às paredes e ao teto ou que permaneceram na psicosfera, de modo que as futuras atividades não viessem a experimentar a contaminação doentia.

Vibrações de harmonia pairavam no ar, tangidas em harpas delicadas por mãos invisíveis.

Dr. Bezerra elucidou-nos que procurássemos renovar as energias em contato com a Natureza em festa de estrelas ou mediante a oração, até o momento quando, logo depois, seria realizada uma atividade especialmente dedicada a Martina, que seria trazida em desdobramento parcial pelo sono fisiológico àquele reduto de amor.

Sem qualquer dúvida, o Espiritismo veio à Terra com a missão de restaurar a pulcra Doutrina de Jesus.

Despido da indumentária das superstições e cultos externos que vestiram os *mistérios* ou doutrinas do conhecimento originadas na Índia ancestral, passando pelo Egito e os seus santuários encarregados das iniciações, fascinando os gregos e sintetizados em Orfeu e Homero, na música e na poesia, alcançando a culminância em Pitágoras, Sócrates e Platão, foi Jesus quem melhor sintetizou a sabedoria universal no hino incomparável do amor.

Corrompido pelas paixões que lhe predominavam no cerne do ser, o homem de então se encontrava impossibilitado de compreender a excelência do seu ensinamento, profanando os seus conteúdos e adulterando-os...

No momento quando a ciência rompeu o véu da ignorância e facultou melhor entendimento da vida e dos seus *milagres*, os ensinamentos profundos retornaram pela voz dos Espíritos, os legítimos cancioneiros da imortalidade, repetindo as antiquíssimas lições em torno da realidade do ser além do vaso carnal, das reencarnações, dos esforços que devem ser empreendidos, a fim de libertar-se da túnica pesada da ilusão que o retém nos patamares inferiores da evolução.

Ali, na singeleza daquele templo de amor, podíamos constatar a grandeza do amor de Deus pelas Suas criaturas, a todas facultando ensanchas de crescimento moral e de felicidade.

Nenhum protecionismo, esquecimento nenhum de quem quer que seja. Os mais miseráveis, às vezes, detestados, são credores de carinho e de oportunidade, e os mais bem aquinhoados também se encontram dentro dos mesmos critérios das leis de merecimento que proporcionam os mecanismos hábeis para a evolução.

O relógio de parede da sociedade assinalava 1h30 da madrugada, quando nos reunimos na sala mediúnica, onde já se encontravam, em desdobramento parcial pelo sono, a respeitável senhora Celestina, o irmão Marcelo e reduzido grupo de cooperadores, assistidos pelo devotado Hermano, acompanhado pelos membros da nossa equipe.

Nesse momento, Philippe adentrou-se conduzindo carinhosamente Martina adormecida.

Assumindo os lugares correspondentes à mesa, os membros do trabalho mediúnico, a paciente foi colocada em cadeira confortável próxima do dirigente da reunião.

Dr. Bezerra acercou-se da jovem portadora de muita beleza física e despertou-a suavemente.

Ao ver-se no recinto estranho, observou os Espíritos presentes e interrogou:

– *Penso que me encontro no país dos sonhos, não é verdade?*

– *De certo modo, minha filha...* – respondeu o generoso guia. – *Entretanto, você se encontra no País da realidade, onde todos nascemos, vivemos, viajamos à Terra em aprendizagem e para onde retornamos.*

Ela sorriu, algo desajeitada, e deixou-se penetrar pelas vibrações ambientais.

Embora a vinculação perispiritual da mãezinha em processo de reencarnação, a senhora foi conduzida até a filha, que estremeceu e desejou afastar-se, sendo impedida pelo nosso irmão Petitinga, que lhe falou suavemente para que ficasse tranquila.

– *É um fantasma, porque minha mãe já morreu...*

– *Exatamente!* – afirmou o amigo espiritual. – *Ela está de volta para recuperar-se.*

– *E todo o mal que me fez? Eu a detesto, agora que compreendo o abismo ao qual fui atirada por ela e seus conselhos de beleza e de sedução...*

A senhora encontrava-se visivelmente comovida, chorando com equilíbrio e recebendo a resposta agressiva do desespero da filha.

– *Ela reconhece o erro cometido* – prosseguiu ele – *e deseja repará-lo, direito que é concedido a todos, conforme está acontecendo com você mesma, que hoje recebeu grandes benefícios dos Céus, favorecendo-a com amor e ajuda indispensáveis para ser feliz.*

– *Não entendo nada disso... Estou confusa com os acontecimentos recentes e não sei como devo comportar-me.*

– *Basta que abra as portas interiores ao sentimento do amor e deixe-o entrar, ensejando a bênção do perdão a quem a prejudicou pensando auxiliá-la, conforme os doentios processos terrestres.*

A palavra suave e meiga de José Petitinga comovia a jovem aturdida.

– *Que deseja de mim, já que me fez tanto mal? Que mais pretende fazer-me?*

Nesse comenos, Dr. Bezerra olhou para a desencarnada e deu-lhe um leve sinal. Compreendendo o significado daquele instante, a senhora falou, embaraçada:

– *Perdoa-me, minha filha. Vivi exclusivamente para servir-te. Agora sei quanto mal te fiz, encaminhando-te pela senda da ilusão e da vulgaridade... Ignorante das verdades espirituais, procurei oferecer-te o que pensava ser melhor até o momento quando, após a morte, encontrei a Vida e acompanhei o teu martírio dourado e enganoso...*

Jamais te faria qualquer mal, eu que tanto te amo.

Eras pequenina e frágil, necessitando de apoio e de oportunidade para ganhar o mundo. Fiz-me tua educadora e encaminhei-te na direção do lucro e do poder... Quanto me enganei!

Desejo refazer o caminho, recuperar-me do grave engodo. Não me expulses do teu seio.

A solicitação foi feita com uma voz indefinível, em que a amargura e a esperança entrelaçavam-se.

A jovem foi dominada por um choque e pôs-se de pé, interrogando:

– *Como expulsar-te de onde?*

– *Do teu ventre. Estou necessitando do retorno, dos teus braços e do teu colo quente para repousar um pouco e cuidar de ti nos dias pesados do futuro.*

– *Isso, não permitirei. Tenho sofrido muito e agora que estou famosa e rica, não desejo correr novos riscos. Não sei o que deverei fazer. Estou transtornada com o que está acontecendo de repente em minha vida.*

Tenho que abortar por muitas razões, especialmente porque ninguém me ajudará no transe, e não desejo perder as minhas formas, nestes dias em que posso amealhar mais recursos, porque a juventude é um licor que se sorve muito rapidamente...

– *Tem piedade de tua mãe, e aceita-me!*

– *Deus, meu!* – exclamou. – *Eu devo estar louca, e isto é um pesadelo.*

O bondoso Petitinga acariciou-lhe a cabeça e explicou:

– *Não estás louca, nem diante de um pesadelo, mas no enfrentamento da realidade da vida. Aproveita este momento para a tua demorada felicidade. Tudo se pode explicar e, a pouco e pouco, penetrarás no conhecimento destas últimas ocorrências na tua existência.*

Observa quem vem na tua direção.

Aproximou-se Philippe levemente aureolado por claridade diamantina, sorrindo:

– *Maria José, recordas-te de mim?* – perguntou, gentilmente.

Ela deteve-se olhando-o, surpreendida, e deu um grito, interrogando:

– *Marcel, onde estiveste todo este tempo?*

– *Buscando luz e sabedoria para rogar-te perdão. O tempo não nos separa. Pelo contrário, une-nos, e aqui estou de volta, não mais como o militar leviano que te causou tantos danos, deixando-te ao abandono, mas como o amor de tua vida sedenta de carinho e de afeto.*

Abraçaram-se, ambos muito comovidos.

Soluçando, Martina gemia e lamentava-se:

– *Não entendo nada, meu Deus! Que sonho confuso e, ao mesmo tempo, feliz.*

– *Tranquiliza-te, amada do meu coração. Faz quase dois séculos que te venho buscando e agora que te encontrei, não mais te deixarei.*

És capaz de perdoar-me a fuga no momento errado? Fui conquistar o infinito para oferecer-te paz neste momento.

– *Sempre te amei, mesmo naqueles tormentosos dias de abandono, solidão, doença e morte. É claro que te perdoo...*

– *Então perdoa, também, tua mãezinha, que é o filhinho que deixaste morrer, quando fugiste comigo e que agora está de volta... Nada se perde na vida e tudo se regulariza.*

– *Não compreendo o que falas.*

– *Não te preocupes, por enquanto. Perdoa e olvida o desejo de interromper a gestação, recuperando-te pelo seu abandono, a fim de que também ela se libere da culpa dos teus males... Tudo tem sua razão de ser. Existe no Universo uma Lei de Causa e de Efeito e nada ocorre sem a sua vigência.*

– *Por ti, farei tudo* – concordou, ofegante.

Abraçaram-se, novamente, e depois, algo canhestramente, abraçou a genitora em pranto de dor.

Dr. Bezerra aplicou-lhe energias vigorosas e explicou-lhe:

– *Terás momentos muito difíceis ante a tua decisão, que tentarão dissuadir-te. Será necessário que te refugies na oração e busques amparo nesta Casa aberta ao amor. Estaremos, todos aqueles que aqui nos encontramos, ao teu lado, sempre que o necessitares.*

Agora, dorme e descansa.

A um sinal do benfeitor, Philippe reconduziu-a de volta ao lar.

7

O AMOR NUNCA PÕE LIMITES

Nesse instante, duas Entidades que cooperavam nas reuniões mediúnicas normais da Sociedade Espírita adentraram-se, trazendo em maca, adormecido, um dos seus diretores.

Tratava-se do confrade Anacleto, com um pouco mais de meio século de existência terrestre, que ficara viúvo há cinco anos, aproximadamente, que fora antes, dedicado servidor do Evangelho, que se constituíra um dos pilares de segurança da Instituição.

Segundo pude depreender mentalmente, em razão das emissões do pensamento do nosso mentor, de maneira invigilante ele passou a cultivar ideias de exaltação e comportamento agressivo, tornando-se um espinho ferinte no grupo de trabalho.

Responsável por atividade de relevante importância, manteve-se cauto sexualmente durante o período matrimonial. Após a desencarnação da esposa, igualmente trabalhadora dedicada, passou a cultivar sentimentos perturbadores e tormentos adormecidos, dando largas à imaginação e gerando imagens mentais tóxicas, lentamente absorvidas e transformadas em hábitos psíquicos.

A pouco e pouco, deixou-se embriagar pela sensualidade, no difícil período da andropausa, tornando-se indócil e prepotente.

Por qualquer coisa agredia os companheiros com palavras chulas, desviando-se da boa conduta moral, frequentando motéis com jovens aventureiras, igualmente perturbadas.

Narcisista, desligou-se emocionalmente dos deveres espirituais e comparecia ao grupo sem compromisso íntimo, demonstrando desinteresse pela função que exercia. Em consequência, as suas atividades tornaram-se desconsideradas e, porque os demais membros da diretoria necessitassem do entrosamento entre todos, quando chamado à cooperação, reagia de maneira rude, para não dizer grosseira.

Chegara ao cúmulo de estar desviando valores da contabilidade da Casa, a fim de atender a volúpia dos seus tormentos.

A esposa desencarnada, em aflição compreensível, ao constatar os desmandos do consorte aturdido, recorreu ao mentor, solicitando-lhe ajuda imediata. Esse, por sua vez, dirigiu a sua rogativa ao *Menestrel de Deus*, que tomou as providências agora materializadas na equipe de que fazíamos parte, a fim de serem evitados danos mais graves ao próprio enfermo e à sociedade.

O que nele se apresentava com caráter de maior gravidade era a alucinação de autopoder que ele se atribuía, não prestando contas dos seus atos administrativos aos demais companheiros, nem aceitando qualquer ingerência ou atitude fraternal que pudesse modificar a situação.

Várias tentativas de diálogo foram rebatidas com os comportamentos chocantes, desrespeitando todos aqueles que se lhe acercavam.

Atingindo o ápice, os amigos estavam dispostos a convocar uma assembleia geral e removê-lo do quadro administrativo, o que redundaria, sem dúvida, em um escândalo, porque, certamente, o paciente reagiria de forma inesperada e infeliz, complicando-se mais e afetando o conceito da Casa dedicada ao amor e à caridade.

Trazido à sala de atendimentos, ressonava ruidosamente, demonstrando os conflitos que o afligiam, e agitava-se, como desejando libertar-se de alguma constrição que lhe fazia mal.

Observando-o com mais atenção, pudemos notar que se encontrava fortemente submetido a uma injunção obsessiva de natureza grave, porque notávamos diversas formas ovoidais, fazendo recordar a medusa da mitologia grega. Essa *cabeleira*, constituída por seres espirituais inferiores, flutuava em volta da sua cabeça, e emitia ruídos estranhos, peculiares, como sons de animais ferozes.

Tratava-se de Espíritos vítimas da monoideia, que lhes fora inculcada em experiências hipnológicas perversas, trabalhada por hábil adversário do bem, que se acreditava responsável por verdadeira legião de desencarnados que lhe sofriam os acicates cruéis.

Detendo-nos, na observação, percebíamos que dois deles fixavam-se no sistema nervoso central, outros dois no aparelho genésico, mais um no chacra cerebral, em verdadeira parasitose exploradora grave.

Tão ligados estavam esses Espíritos deformados e insanos que não puderam ser desligados anteriormente do enfermo agora trazido ao auxílio espiritual.

A área genésica apresentava-se dominada por verdadeiros *vibriões* criados pela dissolução moral a que o paciente se entregara, ameaçando-lhe a organização fisiológica, obrigada ao atendimento da mente desvairada.

Era natural que o seu fosse o pensamento do desajuste moral, em razão do cérebro sofrer a insidiosa presença do ser infeliz que lhe dominava a nobre região coronária, encharcando-a de energias deletérias.

O sistema nervoso central, por sua vez, sofria a ingerência da mente espiritual desditosa que se nutria do seu tônus energético, exaurindo a vítima com lentidão e segurança.

Sem dúvida, com pouco tempo de persistência desse quadro, seria impossível a continuação da existência estável. Com certeza, alguma enfermidade devoradora se aproveitaria da falta de resistências do sistema imunológico igualmente comprometido, dilacerando o corpo já alquebrado. Concomitantemente, o dislate levaria o pensamento à loucura e as consequências seriam imprevisíveis, não fossem as providenciais terapêuticas a que seria submetido a partir daquele momento.

A repercussão de um escândalo, de uma agressão física ou de algo mais funesto seria terrível para o grupo de servidores de Jesus, apreensivos e inquietos.

O irmão Anacleto, sem dúvida, era vítima de uma obsessão impiedosa cujo controle encontrava-se distante, mas bem direcionado.

A aparência física já denunciava o estado de desnutrição e falta de vigor, em razão do roubo de vitalidade que padecia.

No silêncio natural em que a sala estava mergulhada, envolta em dúlcidas vibrações harmoniosas, Dr. Bezerra exorou o auxílio de Jesus para a atividade que ia iniciar-se, suplicando as Suas bênçãos em favor de todos aqueles que se encontravam envolvidos no quadro desolador da obsessão: a vítima e os seus algozes.

Uma diáfana claridade tomou todo o recinto como a resposta dos Céus ao apelo da Terra.

O médico espiritual aproximou-se do doente encarnado e fixando-lhe o centro genésico, no qual se hospedavam duas Entidades deformadas, pôs-se a aplicar uma energia especial em movimentos anti-horário, como se estivesse desparafusando o tentáculo de cada uma delas que se fixava, respectivamente, nas gônadas.

Pude perceber que se apresentavam como ventosas comuns aos polvos com alto poder de fixação e absorção dos conteúdos em cujo exterior se prendiam.

Todos nos encontrávamos profundamente concentrados, direcionando nosso pensamento como força atuante em favor da operação que estava sendo levada a efeito.

Por mais de cinco minutos o dedicado benfeitor permaneceu no processo libertador, até quando foram desligados os tubos fluídicos que serviam de duto nutriente aos infelizes.

Automaticamente e com carinho as formas ovoidais que flutuavam foram seguras pelo nobre cirurgião e por José Petitinga, que funcionava como seu auxiliar direto.

Ouvíamos os estranhos ruídos que se exteriorizavam daqueles seres degenerados, que haviam tido modificado o perispírito e se apresentavam na condição degenerada, fruto espúrio do comportamento que se permitiram nas jornadas anteriores, culminando com a queda nas armadilhas do soez hipnotizador que os manipulava.

Ato contínuo, foram conduzidos e localizados na aura da dedicada senhora Celestina e de outro médium, ambos em profunda concentração.

Ao ligarem-se energeticamente aos dois médiuns disciplinados, logo se puseram a agitar-se, movendo-se continuamente, apresentando alguns estertores e emitindo sons animalescos que denotavam um sofrimento inenarrável, porque impossibilitados de exteriorizá-lo por meio da verbalização.

Recebendo energia que se estendia das mãos de Hermano, Petitinga e Jésus, num contato transcendente e de natureza calmante, com voz suave o mentor falou-lhes:

– *A libertação de que necessitam começa agora, embora se prolongue por algum tempo. É necessário recuperar a forma perdida, utilizando-se do invólucro perispiritual desses que se lhes transformam em intermediário, de modo que, no futuro, em processo de reencarnação dolorosa, possam voltar ao estado anterior que usaram indevidamente.*

Têm sido longos os anos dessa radical transformação, mas soa o momento para a recuperação da vida normal. Todo o patrimônio armazenado através dos tempos e que hoje se encontra arquivado no cerne do ser, volverá lentamente e ser-lhes-á possível avançar pela estrada do progresso.

Jesus sempre vai em busca da ovelha tresmalhada, e os irmãos são bem o exemplo daquelas que tombaram, renitentes, no fundo do abismo onde ora se encontram.

Como são capazes de pensar, embora não se possam expressar, voltem-se para Deus e supliquem-Lhe misericórdia. Os dias de horror e de desventura estão prestes a ceder lugar ao período de esperança e da alegria de viver.

Enquanto falava e transmitia energias saudáveis aos Espíritos disformes, podíamos captar-lhes o desespero que expressavam pelo pensamento, embora a monoideia que, em cada um, degenerara a forma perispiritual, mantendo-os naquela deplorável situação.

Havia nessas mensagens mentais desespero e alucinação, ansiedade e angústia.

Voltando à palavra articulada, a fim de que pudessem captá-la por intermédio da faculdade mediúnica dos abnegados instrumentos, informou-lhes o benfeitor:

– *Vocês serão conduzidos com carinho a um Núcleo espiritual hospitalar, onde serão tratados de maneira conveniente, preparando-os para a reencarnação na Terra, onde a bênção da expiação lhes devolverá a harmonia perdida.*

Nunca se olvidem do amor, considerando que o erro é uma sombra que acompanha indelevelmente aquele que o comete.

O amor de nosso Pai, no entanto, não tem dimensão nem fronteira, permanecendo como força motriz do Universo. Deixem-se inundar por essa energia sublime e facilmente conseguirão a paz. Mesmo que, aparentemente, demore o processo de total libertação, logo sucederá a vitória, pois que longos foram os tempos de fixação do mal, assim como da sua execução, especialmente nas aberrações praticadas na louca busca do prazer sensorial irresponsável e criminoso.

Acalmem-se e deixem-se conduzir pela misericórdia do Senhor, não recalcitrando contra o aguilhão que se impuseram...

Lentamente, as oscilações e pequenas convulsões dos médiuns foram diminuindo, à medida que os comunicantes eram desvencilhados dos fluidos generosos em que se encontravam mergulhados.

A seguir, foram acomodados em maca adrede preparada e transferidos para o local próprio na sala de onde seriam levados para a assistência hospitalar de longo curso.

Imediatamente, o generoso guia retornou à proximidade da cama em que se encontrava Anacleto, ainda adormecido e gemendo sempre, vítima da contínua constrição dos inimigos desencarnados, e repetiu a experiência com as duas expressões ovoidais que se fixavam no sistema nervoso central, presos na base posterior do cérebro, no ponto em que nasce a medula, procedendo de maneira idêntica.

As Entidades pareciam perceber o que se estava passando porque, flutuando no espaço pareceram agitadas, de maneira negativa, como que insistindo para permanecer na mesma situação vampiresca.

Imperturbável e consciente, o cirurgião do amor e da caridade prosseguiu no seu ministério por tempo um pouco mais dilatado, conseguindo retirá-las e procedeu de maneira semelhante, levando-as à comunicação atormentada por meio dos dois médiuns em concentração, condição essencial para a ocorrência feliz.

Quando a agitação se apresentou maior e mais angustiante, o mentor falou-lhes:

– *Nada permanece conforme nossos caprichos, porque a vida tem uma finalidade sublime, e mesmo quando o ser humano se compromete com a desdita, é-lhe concedida a oportunidade redentora. A compaixão do Pai pelos filhos enganados ultrapassa tudo quanto a mente humana é capaz de conceber. Desse modo, é chegado também o momento de ambos que, a partir de agora, enfrentarão as consequências da própria incúria, a fim de despertarem para realidades novas e inadiáveis.*

Inutilmente o mal permanecerá na Terra, e o seu curso, por mais longo se apresente, será sempre de breve duração, porque somente o bem possui caráter de permanência, por proceder de Deus.

Seduzidos pelo seu sicário, ainda se rebelam por haver perdido a exploração energética do nosso pobre equivocado, sem dar-se conta de que todos merecem misericórdia e compaixão no estado em que se encontram. Nossa preocupação, neste momento, é com vocês, irmãos queridos, desde que largos já se fazem os tempos dessa brutal deformação que os degrada.

A melhor conduta, neste instante, é o abandono da ideia de vingança, assim como a do prazer criminoso que os transformou em degenerados diante das Divinas Leis.

Na pausa inevitável, podíamos captar-lhes as ondas de revolta e de indignação, bem diferentes dos dois anteriormente atendidos.

O benfeitor prosseguiu:

– *Impossível a treva resistir à luz e o ódio contrapor-se ao amor. A vitória, sem dúvida, será sempre do Eterno Bem.*

Agora adormeçam, repousando um pouco, em face do desvario que os consome. Logo mais será novo dia e a oportunidade que surge é bênção incomum em favor da felicidade futura de suas vidas.

Mantenham-se em paz, porquanto ninguém foge por tempo ilimitado em relação ao próprio destino, fruindo de plenitude que todos alcançaremos um dia.

Deus os abençoe, irmãos queridos!

Repetiu-se o procedimento realizado em relação aos anteriores socorridos.

Terminada essa tarefa, o mentor acercou-se de Anacleto e despertou-o com palavras suaves e gentis.

Visivelmente atordoado, com fácies congestionada, no desar que sofria, interrogou:

– *Estou em algum tribunal de justiça? Qual é a acusação?*

Muito calmo, Dr. Bezerra respondeu-lhe:

– O amigo encontra-se em nosso santuário de amor e de caridade. O tribunal a que se refere permanece na sua consciência, onde está escrita a Lei de Deus. Os conflitos de conduta assustam-lhe a consciência temerosa da divina justiça por causa das infrações cometidas contra os deveres espontaneamente assumidos.

A resposta oportuna fê-lo acalmar-se e dar-se conta de que se encontrava em desdobramento espiritual na sociedade em que era diretor.

Conscientizando-se e percebendo a figura veneranda do diretor dos trabalhos, assim como a presença do pequeno grupo de trabalhadores espirituais, foi tomado pelo pranto em quase desespero, reclamando:

– As trevas tomaram conta de mim. Encontro-me abandonado pelos meus guias, eu que lhes tenho sido muito fiel, e já por um bom tempo...

– Não assuma a atitude de mártir ou vítima de abandono – elucidou o amorável mentor –, *quando o irmão sabe, perfeitamente, que tem sido o responsável por vários transtornos de conduta e pelo perigo que vem rondando a venerável instituição, em decorrência da irresponsabilidade e da insânia moral que se vem permitindo.*

A voz era enérgica, necessária para o despertamento do embusteiro, que agora se passava como esquecido da Providência.

Ato contínuo, o mentor explicou:

– Aqui estamos tomando providências para minimizar os danos causados pelos descalabros do caro irmão, também com o objetivo de chamá-lo à atenção para a responsabilidade dos seus compromissos, de modo a mudar de conduta e, dessa forma, libertar-se das trevas, sim, que o têm envolvido por anuência total de sua parte.

Onde está a sua responsabilidade em relação ao trabalho de Jesus e à firmeza da fé, se logo se permite percorrer a senda de espinhos da insanidade, tornando-se instrumento de perturbação e de desastre para um trabalho que é piloti de sustentação na edificação do Espiritismo na Terra?

Não se brinca com as questões do Espírito imortal, nem se podem abandonar graves responsabilidades sem sofrer-lhes as consequências do ato leviano. Portanto, mude o foco do seu pensamento e conversemos.

O paciente, que despertava emocional e psiquicamente para aquilatar os disparates que se vinha permitindo, foi tomado pelo pranto natural de arrependimento, manifestando desejo de recuperar a paz.

Enfrentando a realidade com lucidez, ouviu o bondoso guia informá-lo:

– *A partir deste momento, embora permaneçam as situações de sintonia com os Espíritos malfazejos aos quais se tem entregado de boa mente, receberá também o nosso auxílio, a fim de que se possa libertar da sua influência perniciosa, reencontrando o rumo.*

A oração e a disciplina moral deverão constituir-lhe roteiro de segurança, em reflexão positiva e contínua, mantendo-se vigilante em relação às façanhas do prazer doentio e prejudicial.

Reconquiste o caminho perdido, avançando com harmonia interior pela senda redentora ao lado dos amigos e cooperadores, sem transformar-se em abismo ou impedimento à realização dos elevados objetivos espirituais que nos dizem respeito.

Agora, repouse e preserve a lembrança deste momento que deverá ser-lhe inolvidável.

Amanhece-lhe a oportunidade nova que deverá ser aproveitada com sabedoria.

Deus o abençoe!

Envolvido em enternecimento e harmonia, Anacleto adormeceu sem convulsão, em paz, sendo conduzido de retorno ao lar, por nosso Jésus Gonçalves e outro auxiliar da atividade mediúnica.

8

APROFUNDANDO OS CONHECIMENTOS

Na pausa que se fez natural, Dr. Bezerra elucidou:

– *Provavelmente, alguém estará perguntando-se por que não desembaraçamos o nosso irmão da presença perturbadora do ser ovoidal que se lhe vincula por intermédio do chacra coronário?*

Explicarei que se trata de medida saudável e preventiva em relação ao seu reequilíbrio.

Quando alguém sofre a indução malévola de Espíritos desse teor, a sua organização psicofísica permanece intoxicada pelos fluidos venenosos aspirados, adaptando-se às circunstâncias doentias. Se, de repente, é liberada desse tônus enfermiço, sofre um colapso de interação mente-corpo e o paciente pode tombar na perda de memória, em alucinação, em distonia emocional.

Desse modo, o processo de recuperação deve ser realizado com certa morosidade, facultando ao corpo adaptar-se à nova ingestão de energias, ora saudáveis, que eliminarão as sequelas deixadas pelos tóxicos destruidores.

Nosso irmão despertará com vagas lembranças do nosso encontro, nauseado, mais indisposto, no entanto, com real interesse pela mudança que se lhe deve operar no que diz respeito à conduta mental e moral.

O caminho do vício é tortuoso e ingente, causando muitos danos a todo aquele que o percorre irresponsavelmente, sedento de prazeres mórbidos.

A verdadeira saúde inicia-se no pensamento dignificante que constrói vigorosos combatentes psíquicos sempre em vigilância e na posição de luta contra os vírus produzidos pelos adversários do bem, que invadem a organização celular das criaturas levianas, sustentando-as nas aspirações doentias a que se adaptam e nas quais se comprazem.

Utilizando-se o ser humano da oração e dos pensamentos edificantes, são criados antivírus específicos que o defendem da contaminação prejudicial.

É sempre de bom alvitre a manutenção do equilíbrio mental de onde procedem as energias compatíveis com a onda vibratória elegida para a vivência existencial.

O excelente amigo silenciou por um pouco, e logo voltou a elucidar:

– Estamos a serviço de Jesus, e é natural que todos aqueles que se Lhe transformam em adversários, por essa ou aquela razão, tenham-nos na condição de inimigos, porque lhes constituímos impedimento aos planos de expansão e de vitória nos seus empreendimentos infelizes.

Nosso irmão Anacleto vem sendo vítima da própria incúria, *por não ter resistido aos impulsos submetidos à sua fé espiritual, mas não superados. Com a viuvez e a solidão, para as quais não estava preparado, abriu espaço para os devaneios mentais, primeiro passo para a adoção de tormentos de toda ordem, sendo assediado por sectários do Rabino Eliachim ben Sadoc, de que nos recordamos... Ele próprio, desde que foi desmascarado em encontro passado com os mensageiros do*

Senhor, prometeu lutar contra os cristãos novos, conforme já vinha fazendo, porém, agora, investindo todas as forças, de modo a impedir, na sua presunção, a conquista dos corações pela Doutrina Kardequiana...

Assim, procurou várias instituições dedicadas à prática e à vivência do Espiritismo, elegendo esta, em razão do seu elevado programa cristão e sua vinculação ao Pobrezinho de Assis, *para prosseguir na luta feroz, estigmatizando-a e levando-a à eclosão de escândalos prejudiciais ao pensamento doutrinário.*

Percebido o seu plano maldito pelo nosso Hermano e pelos trabalhadores espirituais que dirigem a sociedade, os mesmos recorreram a São Francisco, conforme já o sabemos, e as providências do amor estão sendo aplicadas.

Logo, aquele irmão infeliz tome conhecimento do que está ocorrendo neste momento, e se levantará com as suas hostes malévolas para investir contra, massivamente, todos que aqui mourejam, e especialmente aquele que lhe concedeu abertura emocional...

Necessitamos, portanto, de vigilância e humildade, entregando-nos a Jesus, o Sublime Administrador da Seara, para que Ele nos conduza com sabedoria, e os enfrentamentos que nos aguardam transcorram em clima de caridade, jamais nos afastando das diretrizes do bem e da compaixão.

O venerando apóstolo tinha lágrimas que não chegavam a vencer a comporta dos olhos. A voz era suave-doce, mas profunda e de alta significação durante a elucidação.

Logo depois, esclareceu:

– *Certamente, os médiuns, os diretores e demais membros da Instituição, nos próximos dias, estarão sendo assediados pelos sicários a serviço do chefe ignóbil. Ciladas serão arquitetadas, agressões farão parte do programa de vingança, enfrentamentos familiares e na área do trabalho, num cerco vigoroso, a fim de que alguns desertem ou entreguem-se à rebeldia, às interrogações injustificadas, como: por que estando no bem, o mal me persegue? Onde estão as defesas espirituais em meu benefício?*

Por longo tempo, todos têm recebido a instrumentação e o conhecimento do que ocorre fora da cortina de carne, sobre o intercâmbio entre as duas faixas vibratórias em que residem os encarnados e os desencarnados, com finalidade de aplicação no momento oportuno... Chega, portanto, esse momento significativo das nossas existências. Nenhuma razão, pois, para dúvidas e conflitos internos, que abrem brechas na armadura moral, facultando a insinuação inditosa dos inimigos de Jesus...

Nestes dias da grande transição planetária ocorrem e sucederão muitos fenômenos aterradores, que são os frutos apodrecidos da conduta social das criaturas terrestres, cada vez mais degradada, chamando a atenção para a mudança que se dará, propiciando harmonia e legítima alegria de viver.

Ninguém se escuse à cooperação em favor do mundo melhor, porque as leis cumprem-se com ou sem a anuência dos homens e até mesmo apesar da sua negada cooperação.

A barca terrestre segue o seu curso no oceano sideral, sofrendo algumas injunções tempestuosas, mas Jesus está no leme, não nos esqueçamos.

A seguir, em razão das vibrações harmônicas dominantes no ambiente, foram atendidas mais algumas Entidades sofredoras, que receberam esclarecimentos em torno do seu estado e a conveniente terapêutica para o restabelecimento.

Às 3h da manhã foram encerrados os labores e os participantes encarnados retornaram aos lares, amparados pelos devotados trabalhadores da Causa.

No dia seguinte, fomos visitar Anacleto e acompanhamos o seu despertar assinalado por singular indisposição emocional, ao lado de recordações fragmentadas do que houvera acontecido durante as operações socorristas que lhe foram aplicadas.

Conseguia entender que experienciara um fenômeno de desdobramento lúcido, no qual fora beneficiado pelos mentores da Sociedade Espírita, cujos compromissos para com ela voltaram-lhe à memória. Pôde fazer um balanço retrospectivo e dar-se conta do comportamento relapso que vinha mantendo, arrependendo-se sinceramente...

Nesse clima mental, ocorreu-lhe orar com sinceridade, suplicando a continuação da ajuda dos Céus, no que foi atendido imediatamente pelo nosso diretor espiritual, que passou a inspirá-lo mais fortemente, diminuindo a insidiosa interferência fluídica do ser ovoidal que se lhe encontrava imantado ao centro coronário, responsável pelo entorpecimento moral que o dominava...

Sentindo-se renovado, como se estivesse a reviver, após um período nebuloso, preparou-se para as atividades do dia, pensando em reencontrar os amigos, à noite, abrindo-lhes o coração e narrando os tormentos que o vergastavam, desculpando-se e prometendo cerrar fileiras com eles.

Chegou a sorrir ante a expectativa do retorno, consciente dos deveres espirituais como ocorrera no passado.

Retornando ao centro de atividades, pudemos observar que em volta da Instituição, como sucedera em outras ocasiões de lutas entre as forças do Cristo e os perversos adversários da luz, verdadeira tropa de assalto armava o cerco, numa tentativa de isolá-la das demais construções, impedindo auxílios que viessem de fora...

Ingenuidade da ignorância que permanece na presunção de conhecer o que não sabe, tomando providências compatíveis com as estratégias terrestres.

Dava-nos ideia de que se preparava uma futura batalha tradicional, em que as forças de invasão cercam a fortaleza inexpugnável e desafiadora, julgando-a fácil de ser conquistada.

Alguns Espíritos, adotando a roupagem rabínica, portadores de carantonha terrível, controlavam seres vitimados pela zoantropia, com aspectos lupinos e caninos acorrentados, demonstrando a ferocidade contida pelos seus condutores.

Tubas antigas, de quando em quando, emitiam sons estranhos, e vozes poderosas ampliadas com o auxílio de aparelhos especiais repetiam ordens em hebraico e exteriorizavam citações bélicas, como no passado, por ocasião das lutas contra os adversários de Israel.

O ambiente em volta tornou-se pestilento em decorrência das vibrações inferiores da *tropa*. Azagaias, de quando em quando, cortavam o ar, atiradas contra a sociedade e aqueles que vinham em busca de socorro.

Alguns pacientes mais sensíveis demonstravam súbito mal-estar ou estranha sensação dolorosa no corpo, ao serem atingidos, logo se recuperando ao adentrar-se no salão de conferências e de passes coletivos do núcleo de beneficência.

Com expressão denotando responsabilidade e gravidade, nosso mentor amigo atravessou conosco, sem sermos notados, as barreiras que se levantavam em construção fluídica perniciosa e convocou o diretor Hermano a uma reunião.

Acompanhando-o sempre, percebemos o significado daquele momento e, com o pensamento fixado em Jesus e na Sua paixão por todos nós, reunimo-nos na sala mediúnica com o responsável espiritual pela Instituição e alguns dos encarregados das tarefas múltiplas que ali se realizavam.

Após silencioso instante de recolhimento, Dr. Bezerra considerou:

– *Conforme esperado, o nosso irmão Rabino tomou as providências que lhe pareceram próprias para o enfrentamento.*

Acreditando na própria pequenez, comanda a tropa com a qual pretende invadir o reduto da fé, causando prejuízos, num ataque insano contra as pessoas e as Entidades que aqui nos encontramos. A estupidez da presunção arma-o de uma valentia que não mais comporta em nosso campo de ação, especialmente após mais de quatro séculos de desencarnação...

Certamente, as mentes frágeis de muitos frequentadores da Casa entrarão em sintonia com as ondas morbígenas que são emitidas com o vigor do ressentimento e do ódio, facultando reciprocidade perturbadora para eles próprios.

Quanto a nós, diante do desafio, a única alternativa é a compaixão, filha do amor, ao lado do espírito de solidariedade e auxílio, conquistando os violentos para as hostes da paz.

Torna-se conveniente que, nas próximas exposições doutrinárias, sejam explicadas pelos divulgadores doutrinários as dificuldades que, periodicamente, surgem no caminho de todas as criaturas, o mesmo ocorrendo nas comunicações mediúnicas, de forma que se tome conhecimento deste período de lutas, e, por extensão, sejam aplicados os recursos da oração e das boas ações como medidas acautelatórias e impeditivas da vigência do mal em nossa grei. Inspirados pelos mentores espirituais, igualmente intuídos quanto às responsabilidades que a todos dizem respeito, criar-se-á um clima emocional e fluídico de segurança e equilíbrio durante todo o período de combates que se avizinha.

A batalha final será do amor, apagando as labaredas do ódio naqueles que as vitalizem com a sua ignorância e teimosia.

Que o Senhor de bênçãos nos abençoe e nos guarde nos Seus desígnios de paz!

As atividades espirituais do núcleo prosseguiram sem nenhuma solução de continuidade durante aquele dia, mas ao acercar-se a noite, no período precedente ao labor socorrista pelos passes aos visitantes atribulados, algo sucedeu, dando-nos um sinal da gravidade do momento.

A sala encontrava-se repleta e o expositor preparava-se para iniciar o estudo de *O Evangelho*, quando se ouviram gritos e altercações no portão de entrada.

Tratava-se de um indigitado conhecido no bairro, portador de distúrbios mentais profundos que, pela primeira vez, telementalizado por um dos chefes sitiantes, aproximou-se incorporado desejando entrar na Instituição.

Porque houvesse pessoas encarregadas da vigilância, gentilmente tentaram dissuadi-lo, levá-lo a outra área, mas o paciente, que tinha por objetivo perturbar a reunião e provocar uma arruaça, partiu para a violência corporal e para os impropérios, reclamando onde estavam a caridade e o amor tantas vezes ali apregoados.

Inutilmente, quatro trabalhadores masculinos que tentavam impedi-lo de avançar e direcioná-lo para a pequena sala ao lado, quase travando uma luta física, sofriam da imensa malta espiritual zombeteira, apupos e infâmias, gritados de maneira extravagante, estimulando os que dominavam o enfermo a prosseguir, desafiando-os ao combate físico, assustando os presentes e provocando pânico...

O guia Hermano veio atender o problema à porta de entrada e, orando, sinceramente, acercou-se do doente mental e tocou-lhe a fronte, descarregando nele energia especial, que desvinculou os dois assaltantes ferozes, que se afastaram após experimentarem um tipo de choque vibratório forte...

O pobre homem, que havia perdido muita energia sob a injunção penosa dos obsessores, enfraqueceu e quase desmaiou, sendo amparado pelos auxiliares encarnados que, por fim, o conduziram carregado à sala contígua, onde recebeu carinhosa assistência.

Alguns visitantes desconhecendo o que se passava, tentaram levantar e participar do incidente desagradável, no que foram obstados pelo expositor que elucidou estar tudo sob controle, referindo-se ao doente mental com ternura e misericórdia.

A reunião teve início com a oração comovedora inspirada pelo mentor da Casa, logo se passando à leitura do texto: *Fora da caridade não há salvação*, de *O Evangelho*, gerando-se uma psicosfera de grande paz e de reconforto espiritual.

Com imensa alegria, pudemos ver Martina entre os presentes, portando o livro de consolo e de esperança na mão, visivelmente modificada, sem o exagero de pintura e com os cabelos amarrados discretamente para trás.

Os olhos brilhavam, enquanto escutava as palavras iluminadas do orador emocionado.

Ao terminar a alocução, os médiuns de cura tomaram os seus lugares e enquanto eram propostas as vibrações pelos ausentes, enfermos, desencarnados, aflitos e necessitados, os passes de libertação de fluidos maléficos e portadores de benefícios foram aplicados em clima de legítima solidariedade.

Assim procediam os cristãos primitivos nas catacumbas, nos recintos humildes em que se reuniam, evocando a proteção de Jesus.

Mais tarde, os grupos de estudos estariam reunidos, e certamente novas tentativas de agressão eram previstas, porquanto a violência é renitente e a loucura sem dimensão da realidade.

Aguardamos a noite que tomava conta do dia, jubilosos, ante a vitória no primeiro *round* da terrível refrega.

9

O GRANDE DESAFIO

Sem qualquer dúvida, a fim de que o mundo se transforme é necessário que haja a modificação do ser humano para melhor, por ser a célula-mãe da sociedade. Enquanto mantiver a enfermidade espiritual resultante do atraso evolutivo, nenhuma força externa conseguirá alterar a marcha moral do planeta, desde que os seus habitantes recusem-se à transformação interior.

Os momentos que vivemos são de esforço autoiluminativo, graças às revelações que descem à Terra com maior frequência e às informações seguras em torno do processo de mudança, oferecendo a visão do futuro que a todos nos espera.

As lições do Mestre de Nazaré, desde há dois mil anos, convocam-nos ao procedimento moral correto, à convivência pacífica e ao cumprimento dos deveres de solidariedade e de apoio aos que se encontram na retaguarda da ignorância, ou sofrendo os necessários fenômenos de recuperação pela dor, mediante os testemunhos, por meio das experiências aflitivas...

Cada um deve preparar-se para acompanhar a marcha do progresso, integrando a legião dos construtores do novo período da humanidade.

Esse trabalho eficiente vem sendo realizado em diversos segmentos da sociedade que desconhece a realidade espiritual, graças ao fenômeno da lei de desenvolvimento ético-moral. Entre os espiritistas, no entanto, deve ser maior a contribuição renovadora, porque estão informados das ocorrências impostas pela lei, que já não podem ser postergadas. Anunciado por Jesus esse período de transição, tanto como referendado pelo Apocalipse, narrado por João evangelista e os profetas que se manifestaram a esse respeito ao longo da História, chega o momento de cumprir-se os divinos desígnios que reservam para a Terra generosa o destino regenerador, sem as marcas do sofrimento na sua feição pungitiva e desesperadora.

As forças do mal, porém, teimam em manter o quadro atual de desolação, ao lado dos abusos de toda ordem, porque pretendem continuar explorando psiquicamente os incautos que se lhes vinculam por meio dos hábitos doentios em que se comprazem na ilusão material.

A morte inevitável, porém, a todos arrebata, e quando despertam no Além-túmulo, estorcegam na realidade, lamentando os equívocos e necessitando de oportunidade para reparação. Essa não mais se dará no planeta que deixará de ser de provas, mas em outro de natureza inferior, onde se deverá expungir a maldade e a falência moral em situação muito mais aflitiva e mais amarga.

A mediunidade a serviço de Jesus tem sido instrumento precioso para que as informações seguras em torno da vida e da imortalidade despertem os que dormem ou negam-se a entender o fenômeno da grande mudança, devendo ser arrastados pela força do exílio que os conduzirá a outra dimensão inelutável para aprender a respeitar as Leis Soberanas.

Meditamos sobre essa conjuntura durante os minutos que precederam a reunião pública, dedicados ao estudo do Espiritismo mediante programa de temas muito bem elaborado, objetivando o conhecimento da Doutrina e assimilando os seus valiosos recursos libertadores.

Encontrávamo-nos todos na sala, acompanhando a abertura da aula-palestra, aos cuidados de devotado servidor do Evangelho, cuja vida era toda um rosário de feitos enobrecedores.

Terminada a prece, e quando se preparava para a explicação, ouviu-se um som surdo e percebemos que, no auditório, uma senhora atormentada tombara da cadeira e, numa verdadeira crise histérica, pôs-se a gritar.

Entidade perversa que se lhe vinculava, constringia as glândulas do aparelho genital e golpeava-lhe o útero, produzindo-lhe inenarrável sensação de desespero, ao tempo que a tomou num grosseiro fenômeno de incorporação mediúnica.

O tombo imprevisto e a crise histérica inabituais naquele recinto dedicado à elevada espiritualização das criaturas causaram compreensível mal-estar na assistência.

Pessoas gentis, mas precipitadas, levantaram-se com ruído, procurando erguer a senhora, sem qualquer habilidade para cometimento de tal natureza.

Houve, inevitavelmente, um pouco de pânico dispensável, quando membros adestrados da entidade acercaram-se da paciente agitada e em descontrole emocional, aplicando-lhe passes e falando suavemente ao seu perseguidor, que se encontrava sob comando mental de um dos rabinos combatentes do lado de fora.

Deseducada e neuropata, a enferma visitava por primeira vez a Sociedade Espírita e logo se permitiu a passividade do obsessor em simultâneo ao seu problema orgânico.

De igual modo, Dr. Bezerra acercou-se-lhe e dialogou com austeridade com o causador do lamentável espetáculo, orientando-o convenientemente e afastando-o da instrumentalidade mediúnica conturbada.

Os passes calmantes refrigeraram a visitante que se asserenou e, recompondo-se, voltou a sentar-se amparada pelos auxiliares vigilantes, sentindo-se algo desconcertada.

Nessa hora, a gritaria exterior evocava a selvageria de seres primitivos, enquanto as suas armas alcançavam as defesas da instituição sem causar-lhe qualquer dano.

Repentinamente, ampliando o som estridente e perturbador das tubas, escutou-se estranho eco de instrumento para mim desconhecido, que produzia significativo mal-estar pela carga vibratória que exteriorizava.

Escutei o dedicado irmão Petitinga dizer-me:

– *É o som do* shofar, *um chifre de cordeiro soprado com vigor, utilizado pelos hebreus desde recuados períodos durante as batalhas, como, também, nas cerimônias religiosas.*

Nos cultos é tocado após a leitura da Torá e é considerado um dos mais antigos instrumentos de sopro que se conhece. Possui vários tipos de comando ou toques com significados especiais. Este que ouvimos simboliza ameaça, momento de combate ao inimigo…

Com aquele acontecimento, esperavam os verdugos da paz conseguir gerar desarmonia e medo no ambiente, permitindo a entrada da malta que provocaria desordens de várias expressões. Embora os encarnados não ouvissem nem vissem o que tinha curso no Mundo espiritual, experimentavam as sensações defluentes da agressividade dos inditosos perseguidores, ao mesmo tempo que podiam entrar em sintonia com as suas manobras perversas, empesteando a psicosfera e criando situações embaraçosas, como, por inspiração malsã, induzir enfermos mentais, familiares e pessoas desajustadas e empurrá-los para a agressividade ou o desrespeito contra aqueles que se candidatam às experiências iluminativas.

Felizmente, as providências imediatas restabeleceram o equilíbrio ambiental, anulando as possibilidades da invasão.

Percebendo a preocupação do mentor, escutamo-lo anunciar ao caro Hermano e à nossa equipe:

– *Necessitamos reforçar as defesas.*

Concentremo-nos em Jesus, pedindo-Lhe que nos auxilie com a presença da falange dos construtores de nossa Esfera.

A aula prosseguia e o auditório encontrava-se atento.

Nosso grupo de trabalho e o diretor espiritual da sociedade permanecemos concentrados, orando com verdadeira unção e absoluta confiança no Mestre Incomparável.

De um para outro momento, vimos descer uma luz poderosa que tomou todo o ambiente e dentro dela apresentaram-se alguns Espíritos que animaram o sexo masculino, em trajes medievais de grande beleza, que se faziam acompanhar por outros menos formais, que foram apresentados ao benfeitor como especialistas em edificações e defesas.

Trata-se de um grupo de mentalizadores hábeis em edificações – informou o chefe do grupo. – *Alguns são servidores da antiga ordem dos cavaleiros templários que ainda se dedicam ao auxílio dos que sofrem e são defensores de todos aqueles que se entregam a Jesus, assessorados por engenheiros modernos, especializados em construções conforme as temos em nossas esferas espirituais.*

Após sorrirem jovialmente, deram início ao trabalho que se realizava mediante concentração mental de uns, muito segura, que fazia surgir do *fluido cósmico* o material que outros aplicavam na edificação cuja base assentava-se na sala de conferências, envolvendo um grande espaço em forma quadrangular.

Simultaneamente, vozes siderais cantavam comovente melodia de exaltação ao Senhor da Vida.

A pouco e pouco, foi-se levantando a edificação que fazia recordar as antigas torres de vigia dos castelos medievais. Em menos de uma hora foi concluída a obra que ultrapassava a altura do edifício material, na qual foram instalados instrumentos que faziam recordar canhões de reduzido calibre, capazes de emitir raios magnéticos que produziam choques desagradáveis naqueles que lhes constituíam alvos.

Trabalhando com eficiência e harmonia, quando o expositor encerrava a classe, preparando-se para a prece final, o comandante do grupo informou que estavam preparados para o enfrentamento.

O público preparava-se para sair, irradiando grande júbilo, enquanto a enferma fora convidada a permanecer no recinto, a fim de receber a orientação especializada para o seu problema...

Subimos à parte mais alta da edificação, de onde podíamos contemplar a imensa mole de desencarnados asselvajados e, a um sinal do responsável pelas defesas, foram disparados vários raios sobre a turba que recuou em infernal comportamento, blasfemando, ameaçando e gritando...

O encarregado da operação explicou-nos:

– Para esse nível de companheiros espirituais, o recurso mais eficaz ainda é aquele que os assusta e intimida. Posteriormente, serão tomadas outras providências específicas para o atendimento grupal.

Antes que formulássemos uma indagação a respeito de possíveis danos que aqueles disparos pudessem causar-lhes aos perispíritos, captando-nos o pensamento, respondeu-nos com um sorriso amigo:

– Trata-se mais de um aparato de intimidação, do que de um instrumento propiciador de prejuízos reais.

Os raios emitidos, em alcançando-os, produzem desagradável sensação de choques elétricos superficiais. Nada obstante, quando se trata de problemas mais complexos da perversidade ameaçadora das trevas, é-nos justificado aumentar a potência dos mesmos, que produzirão sensações mais afligentes.

O amor possui recursos de variada aplicação, sempre de acordo com a necessidade de quem se lhe candidata.

Dispersos e a distância, os pretensos invasores, pensando mais em si mesmos, não se interessaram pelo público de saída da Sociedade.

De quando em quando ocorriam novos disparos, mantendo-os distantes, podendo-se observar o círculo escuro e viscoso de suas exteriorizações mentais, envolvendo a área iluminada na qual permanecia o santuário da caridade.

Agradecendo a cooperação, Dr. Bezerra, sensibilizado, indagou ao responsável pelo grupo diligente:

– Alguma instrução a mais?

– Sim – respondeu, solícito. *– Temos que informar-lhe a decisão do diretor de operações para que permaneçamos em auxílio aqui até a conclusão do programa de saneamento espiritual.*

Alegremente, o benfeitor abraçou-o, e regressamos ao salão, agora, quase deserto, exceção feita à irmã enferma que recebia instruções de uma das médiuns da Sociedade, fortemente inspirada pelo seu guia espiritual.

A melodia angelical permanecia no ar, derramando harmonias espirituais...

Se as forças do mal arquitetam planos e os executam na sua perversidade e insânia, o amor dispõe de antídotos poderosos que são capazes de anular-lhes os efeitos doentios.

Sempre constatando a sabedoria dos Espíritos elevados e os métodos dignificantes de que se utilizam, sempre agindo com misericórdia pelos agressores, éramos tomados de emoção crescente, comprometendo-nos intimamente em dedicar todo o tempo possível ao serviço da caridade ao próximo, em último caso, caridade para conosco mesmos.

10

O ENFRENTAMENTO COM A TREVA

As horas transcorriam em calma, enquanto a noite avançava.

Iniciando-se a madrugada, quando os membros da Sociedade encontravam-se adormecidos, os diligentes trabalhadores de nossa Esfera dirigiram-se a algumas residências, a fim de reconduzirem os convidados para a reunião especial que logo se iniciaria.

Além dos dois médiuns já conhecidos e dos dialogadores, o nosso irmão Anacleto, que fora o desencadeador do processo grave em curso.

A pouco e pouco foram chegando os companheiros adormecidos, logo despertados, que passaram a tomar conhecimento do programa estabelecido para aquele momento.

Às 2h, todos nos encontrávamos a postos, qual ocorre em uma atividade normal de natureza mediúnica em qualquer sociedade espírita, quando nosso mentor explicou-nos:

– *Pensamos que, logo mais, deveremos ter entre nós o Rabino Eliachim ben Sadoc, ora inteirado de todas as providências defensivas de nossa Instituição.*

Sentindo-se agredido, logo surgirá, à frente da sua tropa, desafiando-nos a um enfrentamento mediante as armas da maldade e da destruição a que está acostumado...

Não terminara a frase e ouvimos uma voz estridente que vinha de fora, aumentada por aparelho especial, convidando nosso mentor a que saísse, a fim de enfrentar as consequências do seu ato de revide contra as *forças de salvação da Humanidade*, conforme se denominavam, ironicamente...

A balbúrdia que nos chegava à audição era ensurdecedora. As vozes em desespero misturavam-se aos instrumentos tribais de que se utilizavam, incluindo o som continuado do *shofar*, qual ocorria nos combates de épocas recuadas, que provocavam pânico nos adversários...

A voz estrídula e com carregado acento hebraico repetia o convite, culminando com vitupérios e agressividade, destacando-se a palavra *covardes*, associada à mansuetude de Jesus.

Ouvíamos toda a provocação e o benfeitor permanecia em paz, concentrado, sem demonstrar qualquer reação.

– *A sua coragem e a dos seus asseclas* – enunciava o desafiante – *somente se manifesta mediante a traição, a usança dos métodos bárbaros e infames da Santa Inquisição.*

Gargalhadas ofensivas estrugiam no ar e choviam apodos de toda parte.

Irradiando vibrações de compaixão que se distendiam além da sala na direção do ofensor, Dr. Bezerra mantinha-se aparentemente impassível ao desafio.

Nesse comenos, a voz estentórea anunciou:

– *Se o cordeiro não enfrenta o desafio, o lobo entra para devorar o rebanho...*

Houve um silêncio repentino, logo seguido de ordens e sons estranhos, semelhantes aos antigos carros de guerra avançando para combate...

Pedindo que nos concentrássemos profundamente, o mentor ampliou-nos a capacidade da visão e pudemos notar que um verdadeiro exército de seres esquisitos avançava em formação de luta.

Mentalmente, nosso protetor sugeriu a Hermano que liberasse as defesas da entrada, e, à medida que avançava a *tropa* da ofensiva, atrás, em um carro de construção ridícula, algo fantasmagórica e, simultaneamente militar, estava o Rabino cercado de alguns dos seus mais eminentes comandados.

A sua estratégia consistia em fazer penetrar nas defesas um número expressivo de belicosos, após o que, ele também e os seus chefes se apresentariam com toda a agressividade como se ainda estivessem na Terra, tal a alucinação que os tomava por inteiro.

Vimos que o primeiro grupo adentrou-se pela sala de conferências, logo seguido do cortejo que conduzia o chefe.

Nesse momento, Dr. Bezerra transmitiu ao diretor da Instituição a ordem para que fosse fechado o acesso e reforçadas novamente as defesas, enquanto os canhões da torre de vigia disparavam dardos em quantidade, impondo recuo ao restante dos invasores.

O importante era que o Rabino, desta vez, estava dentro das defesas da Instituição com os seus melhores combatentes.

Notamos movimentação expressiva dos trabalhadores espirituais.

Em ordem, acercaram-se dos limites da sala e como se a mesma fosse constituída por módulos, empurraram, calmamente, as divisórias, ampliando-a de forma que várias dependências transformassem-se em um imenso recinto, agora repleto pelos invasores em fúria selvagem e os servidores do bem que nos encontrávamos na parte oposta à entrada, em concentração e em harmonia.

Os invasores exsudavam emanações morbosas que exteriorizavam odor pestilento como de cadáveres insepultos. *Cães e lobos, alimárias diversas* resguardavam o grupo agressor, enquanto alguns comandantes exacerbados gritavam ordens desconexas num desequilíbrio total.

Logo depois do que poderíamos chamar como o batalhão suicida, por vir à frente, encontravam-se o Rabino e seus chefes, igualmente desequilibrados e paramentados como se estivessem num combate ancestral do seu povo, misturando os hábitos religiosos com os guerreiros.

A nuvem escura que os cobria, defluente das emanações psíquicas dos tresvariados, era espessa, ameaçadora, que se fazia reabsorvida pelos mesmos, mais os intoxicando.

Nesse momento, enquanto os canhonaços disparavam dardos em torno dos invasores, em forma de advertência, o rebelde gritou furioso:

– *Novamente caímos em uma armadilha dos miseráveis seguidores do Cordeiro, como sempre ocorreu na História. Tentemos o recuo, apressadamente.*

Houve uma debandada em todas as direções, sem qualquer alternativa de fuga, porque as defesas encontravam-se reforçadas, não apenas pelas energias defensivas, como também por uma expressiva quantidade de cavaleiros da ordem dos templários, vestidos à maneira dos dias do passado, em atitude guardiã em torno do imenso recinto.

Emitindo vibrações de amor, ergueram as mãos e, num hino de louvor a Jesus Cristo, começaram a cantar uma exoração feita de compaixão e de misericórdia.

Imediatamente, começou a chover gotas luminosas de fluidos superiores que caíam sobre os rebeldes e os acalmavam a pouco e pouco.

A balbúrdia foi diminuindo, e como que anestesiados pelas energias sublimes, derrearam no solo, libertando-se das grotescas armas primitivas que carregavam. Alguns passaram à emoção de paz, e choro convulsivo os tomou, enquanto outros permaneceram em silêncio, hebetados, quase insensíveis, mas calmos...

Em breve tempo, somente se destacava a estranha aparelhagem que conduzia o chefe e seu grupo de comando. Ele blasonava, sentindo-se traído e miseravelmente sitiado como se fosse um pária e não a autoridade religiosa que se atribuía valores que não possuía.

Aproximando-se do furioso invasor, Dr. Bezerra de Menezes convidou-o a um diálogo fraternal, aureolado de suave claridade espiritual que o envolvia na condição de verdadeiro apóstolo de Jesus que o é.

– *Como dialogar com o inimigo? Aqui venho para combater, não para parlamentar. O meu desejo é o da extinção dos infames destruidores da fé judaica, arvorados em possuidores da verdade, tendo como Messias um vagabundo que, ameaçando a hegemonia do Império Romano e a doutrina de Moisés, foi, com justiça, crucificado como bandido que o era...*

Notamos que o atordoado visitante apresentava expressivas deformações perispirituais e os seus olhos avermelhados despendiam raios mortíferos, portadores de energia vigorosa, típica do mal, característica das alegorias demoníacas.

À medida que falava, irradiava ondas escuras que se diluíam em contato com os fluídos luminosos que ora repletavam o salão, e que continuavam descendo.

Dr. Bezerra, sem nenhuma reação negativa, redarguiu:

– *Não serei eu quem irá parlamentar com o nobre amigo, porque reconheço a própria pequenez e a falta de mérito para este momento de alta significação para muitos de nós.*

Aguardemos que uma voz mais autorizada venha ter conosco em nome d'Aquele que o irmão repele veementemente.

Nesse comenos, a claridade ambiente foi intensificada, e descendo em nossa direção surgiu o Espírito elevado de Francisco de Assis, vestido com a simplicidade dos seus hábitos medievais, irradiando especial luminosidade.

Assessorado por alguns dos companheiros de então, constituíam pequeno cortejo de seres superiores que o amor de Jesus enviava àquele ambiente sombrio e caracterizado pelos desventurados que estorcegavam nos sofrimentos que disfarçavam em forma de anseios de vingança e de loucura.

À medida que o apóstolo da pobreza alcançou nosso grupo, exclamações de júbilo, de surpresa, de emoção inesperada surgiram de todos os lados.

Alguns dos acompanhantes do Rabino recuaram, tímidos e assustados, enquanto ele manteve-se irredutível e soberbo no seu lugar na verdadeira arena em que se transformou o espaço que mediava entre ele e nós outros...

Preservando a distância que fora automaticamente estabelecida, o visitante sublime distendeu as mãos habituadas à caridade e à misericórdia, e, com voz inolvidável, disse-lhe:

– Louvado seja o Senhor por todas as coisas, inclusive, pelo sofrimento e pelo desespero dos que se apresentam como infelizes e especialmente pelo daqueles que O renegam!...

A doutrina que os homens têm seguido não é a d'Ele, mas a das paixões humanas. Ele, que abençoou a cruz de vergonha, tornando-a asas angélicas de libertação, jamais concordaria com qualquer atitude que ferisse os seus postulados de amor indiscriminado, especialmente aos gentios, que somos nós, porque os Seus não O quiseram, não O receberam, não O aceitaram...

Demonstrando a Sua misericórdia, ofereceu as mãos socorristas à mulher equivocada, à adúltera condenada pela lei, aos leprosos do corpo e da alma, sem olvidar de atender aos representantes do Sinédrio que O buscaram no silêncio da noite, assim como aos poderosos do mundo que d'Ele necessitavam.

Sem nenhuma jactância transformou-se em caminho de redenção para todos que estejam saturados do mundo e cansados das suas ilusões, amparando-os com ternura e afeição.

Também ao irmão Rabino Ele oferece as mãos marcadas pelos cravos da cruz aplicados pelo Sinédrio que O impôs ao governante romano, rogando perdão para aqueles que O martirizaram nos dias da ignorância que já vão longe...

Não medindo distâncias nem temendo a reação enganosa dos dominadores terrestres, Ele permanece acima de todas as governanças e presunçosas autoridades, pedindo que todos avancemos na Sua direção, porque Ele nos espera com um fardo leve e um jugo suave...

Este é o momento de libertação que soa para o querido irmão enganado pela soberba humana e pela equivocada postura de dominador, que é incapaz de dominar as próprias paixões.

Adiar esta oportunidade é escrever um doloroso capítulo na sua experiência infeliz por longos séculos.

Mesmo o irmão lobo, assim como as irmãs aves submeteram-se à Sua voz, quando tivemos oportunidade de os encontrar. Não será, portanto, o irmão Rabino, conhecedor das Leis Espirituais, que pensa e que ama, quem se escusará a recebê-lO neste momento...

Ia prosseguir no seu sublime convite, quando os sons extravagantes aumentaram e o invasor inclemente arremeteu com grosseria, expressando-se de maneira chula e imprópria.

Tomado de compaixão, sem nenhum ressentimento em relação ao agressor, o *Pobrezinho de Deus* elucidou:

– *Posso compreender a sua dor porque também nós, um dia, vimo-nos diante dessa alternativa: Deus ou o mundo! Nosso próprio genitor denunciou-nos ao bispo da cidade como dementado, filho rebelde e extravagante que somente lhe proporcionava prejuízos, porque optara pelos infelizes... Naquele momento decisivo, como num relâmpago, pudemos ver Jesus perguntando: "Quem é meu pai, minha mãe, quem são meus irmãos, senão aqueles que fazem a vontade de Deus", e decidimos ser seu irmão menor...*

Renunciamos ao fausto, ao apoio paterno e despimo-nos de tudo que a ele pertencia, envolvendo-me em um manto retirado de uma lata de lixo...

Tudo quanto é do mundo, no mundo fica, somente nos acompanhando o que é de Deus e d'Ele procede.

Não recalcitre, pois, contra o aguilhão, aferrando-se às atitudes perversas daqueles que o maltrataram, iludidos pelo mundo mentiroso, falsamente representantes de Jesus.

O ouvinte explodiu num urro de desespero e ódio, retorcendo-se, vitimado pelas dores morais e evocativas da fogueira que lhe consumira o corpo, no já distante século XV...

– *Nunca me esquecerei* – trovejou, espumando de ira. – *Jamais perdoarei, mesmo que me venha consumir nas cha-*

mas eternas do inferno. Odeio esse desordeiro Jesus e os Seus asseclas, havendo-me prometido no longo exílio espontâneo no Hades, onde me organizo com as forças da vingança, a permanecer contra aqueles que O pretendem trazer de volta, pois que preferimos o mundo como é, com as suas malícias e crueldades, desassossegos e paixões pelo prazer.

Não me venha, pois, com as suas lamúrias, falando-me de humildade e de desprendimento, que não entendo o que significam. O tempo tem-me sido o grande amigo, permitindo-me trabalhar na manipulação das mentes de que me nutro e a muitos dos nossos companheiros sustentam, e que também se comprazem na inspiração que lhes transmitimos, ajudando-os a sair da penúria, do sofrimento e da desgraça que os desnorteiam...

O Deus de Israel, poderoso e vingador, é o que tenho como modelo e que me determinou o comportamento que venho assumindo, a fim de submeter pela chibata e ferocidade os gentios miseráveis que, desde a Criação, estão apartados da Sua eleição...

Tomado de grande ternura, o nobre Francisco interveio:

– *Que engano cruel de raciocínio serve-lhe de apoio ao pensamento enfermo! Como pode a Terra, tão rica de concessões e beleza, neste Universo de harmonia, haver sido criada para a desgraça do ser mais elevado que a habita, que é o de natureza humana?! Como pode a Paternidade Divina ser destrutiva, desde que é a Causa de tudo quanto existe?! Será crível, que a perfeição produza a degeneração e o desar, que eleja pequeno grupo como Sua prole e descarte toda a Humanidade que O não conhece e não tem culpa da própria ignorância?!*

O Pai, que Jesus nos trouxe, é todo Amor e Misericórdia, sendo que a rebeldia, que procede da inteligência humana ainda em fase de desenvolvimento, tem sido a geratriz do sofrimento que a fará entender o significado da vida e dos códigos soberanos do equilíbrio e da ordem.

Apesar de opiniões diferentes, somos irmãos, procedemos do mesmo Útero Divino e avançamos para o encontro com a verdade, que nos tornará felizes.

As palavras eram repassadas de uma ternura infinita e ecoavam na sala como uma especial melodia de amor, sensibilizando os ouvintes amolentados e aqueloutros excitados, que se iam acalmando.

As tubas haviam silenciado, ouvindo-se, vez que outra, o som terrível do *shofar*.

No desespero que o acometia, o sofrido Rabino impôs:

– *Tudo são palavras sem significado. Aqui estou sitiado, traído mais uma vez, havendo tombado na armadilha soez que me prepararam. Vim para a luta e não para ser aprisionado e, assim, mudar de opinião, sob a injunção das suas forças de opressão.*

Exijo que me sejam franqueadas as portas de saída, para que retorne ao campo de ação com os meus seguidores!

Serenamente, o *Sol de Assis*, repassando pela memória o que faria Jesus em circunstância idêntica, esclareceu:

– *Na situação em que o irmão se encontra, não há como impor condições. Ninguém o traiu ou sequer programou-lhe armadilha, desde que foi você quem veio com as suas tropas ameaçadoras, sitiando a Casa do Senhor e ameaçando as vidas que aqui se reúnem para o festival do amor. Adentrou-se, espontaneamente, havendo mandado o grupo de frente para preparar o campo onde a sua altivez devesse imperar.*

Também conheci de perto a guerra, nos dias em que estive na Terra, e como a minha é a batalha contra os inimigos internos e não os de fora, caí nas mãos daqueles que eu supunha meus adversários, e fui encarcerado, experimentando o opróbrio que me preparou para o chamado do Senhor... Posteriormente, para que eu pudesse amar os irmãos da cidade onde fui reduzido ao que realmente sou: nada!

Foi ali, no entanto, que o meu Senhor me libertou e me concedeu a honra de servi-lO.

Não lhe parece que ocorre o mesmo em relação ao amigo, que não é combatente, embora cultive a guerra, mas necessitado de luz e de compreensão?

Após um breve silêncio no diálogo, interrompido pelo vozerio externo e pelo clamor dos que se encontravam acompanhando o chefe indefeso e violento, asseverou com firmeza:

– *As portas do Lar de Jesus estão abertas de par em par e as defesas estarão diminuídas, permitindo que o irmão recue, que volva à sua região de domínio, fortalecendo-se no mal de que se nutre, assim prosseguindo até o momento em que o renascimento no corpo físico o arrebate ao proscênio terrestre, sem apoio, sem lucidez, na loucura ou na hebetação, na paralisia ou na mutilação...*

– *Abram-se as portas de acesso a este recinto* – determinou com a mesma meiguice de voz.

Houve um estarrecimento decorrente da atitude inesperada que a todos nos embaraçou.

Logo vimos abrir-se a defesa fluídica envolvente e que guardava a instituição.

Lá fora, fez-se uma gritaria infernal, apupos e agressões de todo tipo ecoaram no ar.

O invasor, apresentando a indumentária ridícula com todos os impositivos da ortodoxia de que se revestia como religioso intolerante, olhou com fúria o Mensageiro do amor, deu meia-volta, abriu-se uma passagem no grupo que o assessorava e ele avançou caminhando, ostensivamente demonstrando vitória.

Antes, porém, de alcançar a aduana da porta, um cone de mirífica luz que descia do Infinito envolveu o infeliz, que se sentiu estremecer, enquanto uma voz de incomparável beleza, interrogou-o:

– *Para onde segues, meu filho?! Que te fizeste a ti mesmo?! Só há um caminho a seguir, que é o do amor.*

Simultaneamente condensou-se em forma humana, belo Espírito que avançou na sua direção, vindo do lado externo e distendeu os braços, solicitando:

– *Eliachim, meu filho! Há quanto tempo nos separamos um do outro? Venho buscar-te, porque não há céu para mãe alguma cujo filho padeça nas labaredas da infelicidade. Não compliques mais o teu destino. Sou eu, tua mãe, Sara, que também foi martirizada contigo, mas perdoou aqueles que nos tentaram aniquilar sem o conseguir.*

O impetuoso Rabino deteve-se deslumbrado ante o acontecimento espiritual incomum e, sem forças para resistir à energia que se desprendia da Entidade maternal, caiu de joelhos, urrando de dor selvagem que o destroçava interiormente.

– *Senhora! Eu sou um desgraçado que Elohim esqueceu* –, conseguiu informar em angústia inenarrável. – *Ninguém me ama, e eu, senhora, fiz do ódio o meu licor de preferência, embriagando-me cada vez mais e esperando a consumpção.*

– *Meu filho querido!*

A nobre senhora aproximou-se do doente e o envolveu em ternura indescritível, abraçando-o, ajoelhada ao seu lado, como somente as mães o sabem fazer.

O *Irmão Alegria* aproximou-se com lágrimas que lhe escorriam pela face e completou a cena inolvidável, falando suavemente:

– Agora sim, começas a viver a liberdade plena. Aproveita! Esta é a resposta de Jesus aos teus clamores, demonstrando-te quanto te ama...

Nesse comenos, expressivo número daqueles que o acompanhavam, vendo a rendição do chefe, igualmente suplicou apoio e passou a ser atendido pelos cavaleiros templários, que também, como todos nós, tinham lágrimas da emoção de júbilo e de gratidão aos Céus.

Inesperada melodia de exaltação a Jesus passou a ser ouvida, cantada por vozes espirituais a distância, enquanto os obreiros da Instituição igualmente equipados de recursos movimentavam-se em auxílio aos que se rendiam ao amor.

Dr. Bezerra e nós outros acompanhávamos os acontecimentos tomados de profunda emoção.

A vitória do bem é sempre uma lição de vida.

Logo mais, adormecido nos braços maternos, Eliachim ben Sadoc foi transferido para um lugar especial no local em que se realizavam as reuniões mediúnicas.

A veneranda senhora agradeceu ao *Anjo de Assis* e a todos nós, e antes de retornar à região que habita, orou:

– Senhor de Israel e de todas as nações!

Sede louvado sempre pela grandeza do vosso amor, pela misericórdia do vosso perdão, pela compaixão para com os vossos filhos transviados.

Vossa grandeza não pode ser mensurada, nem compreendidas integralmente vossas leis de justiça.

Submetemo-nos sempre em confiança absoluta aos vossos desígnios que nos conduzem à plenitude.

Recebei, por misericórdia e compaixão, o filho pródigo de retorno ao vosso seio.

A todos nós, que vos amamos, a perene gratidão.

Era visível a sua emoção.

De imediato, entrou no tubo de luz e diluiu-se ante os nossos olhos orvalhados de pranto.

Igualmente, o *Santo de Assis*, depois de breves palavras de afeto e gratidão a Hermano e ao Dr. Bezerra, acompanhado pelos seus irmãos devotados, retornou à Esfera feliz de onde procedeu, deixando-nos dominados por inexcedível felicidade.

O diretor Hermano com voz embargada acercou-se-nos e apenas moveu a cabeça em sinal de gratidão e de paz, enunciando uma oração de recolhimento e de alegria sem palavras.

Olhamos o relógio na parede da sala, que assinalava 3h30 do dia caminhando para a luz.

11

AS ATIVIDADES PROSSEGUEM LUMINOSAS

Encontrávamo-nos emocionados como não nos recordávamos de momento igual em nossa jornada evolutiva. Os acordes do amor cantavam ternura interior e podíamos perceber o inaudito júbilo que todos vivíamos naquele momento.

Em situação diversa estavam os acompanhantes do Rabino que gritavam, solicitando sua libertação, ameaçando de permanecerem em sítio demorado em volta da Instituição.

A operação de socorro aos companheiros que se adentraram com ele, prosseguia em clima de bondade, removendo-se uns, liberando-se outros que fugiam de retorno ao exterior do edifício, unindo-se aos seus cômpares, e o irmão Anacleto, visivelmente sensibilizado com tudo quanto ocorrera, aproximou-se do nosso mentor e agradeceu-lhe o socorro incomum.

Nós outros não conseguíamos absorver todas as ocorrências fascinantes que testemunhamos.

Logo que foi possível, interrogamos o benfeitor a respeito da decisão do *Santo de Assis*, em franquear as portas de saída para o rebelde.

Sem nenhum agastamento pela pergunta ingênua, sorrindo, gentil, ele respondeu:

– *O nosso Bem-aventurado sabia que a mãezinha do enfermo espiritual acercava-se, naquele momento, para com o seu poder de amor e bondade sensibilizá-lo no difícil transe.*

O cultivo de um sentimento destrutivo como o ódio em quase cinco séculos, condensa-se de tal forma no íntimo do Espírito, que palavra alguma consegue diluir. Torna-se necessária a força incoercível do amor sem limite para alterar a consolidação energética.

Naquele momento, mais do que explicações e debates, tornava-se indispensável algo que o abalasse pela surpresa e encantamento de tal forma que perdesse o controle da razão e dos propósitos infames acalentados por tanto tempo.

As palavras do Imitador de Jesus, envoltas na sua vibração de amor universal, tinham como objetivo criar o campo emocional para o reencontro ditoso. Nenhum de nós possui esse poder sublime que ele alcançou pela abnegação e perfeita imitação de Jesus. Somente quem é capaz de amar sem qualquer discriminação consegue alterar o roteiro desditoso daquele que se entrega à loucura e à dissipação. Ele sabia que o revel não teria como retornar ao lado externo do edifício, desde que, a partir do momento em que se adentrou na sala, passou a beneficiar-se da psicosfera ambiente, desimpregnando-se, a pouco e pouco, das camadas constritoras e doentias que o asfixiavam e às quais se adaptara.

Após a bênção da luz, o ser humano jamais opta pela escuridão.

– *E agora, que irá acontecer ao Rabino?* – indagamos.

– *Despertando, logo mais, em nossa colônia* – respondeu, jubiloso –, *será atendido demoradamente por nossos amigos psicoterapeutas espirituais que lhe trabalharão os con-*

flitos, preparando-o para os acontecimentos a que faz jus pela tremenda rebeldia e pelos transtornos e problemas que haja causado aos seus irmãos desencarnados e encarnados...

Logo que seja possível, irá trabalhar para libertar as centenas de comparsas que ludibriou e fixou na região infernal onde se homiziou, contribuindo para a mudança de conduta de todos eles, vítimas da própria e da sua insânia.

Ninguém consegue fugir à consciência por tempo total, sendo despertado em momento próprio, a fim de recomeçar do ponto em que passou a comprometer-se, refazendo o caminho.

Ser-lhe-á demonstrado que a perseguição e morte infames de que foi vítima têm suas raízes nos longínquos dias em que, ao lado de Elias, às margens do córrego Quisom, passou a fio de espada os adoradores de Baal, com ímpar crueldade e raiva...

Não poucos vitimados pela inquisição traziam insculpidos no ser os sinais daquele antigo massacre, revestido de crueza, porque eram adoradores de deus pagão, como se um erro pudesse ser resgatado mediante o comportamento criminoso daqueles que se dizem responsáveis pelo destino dos outros.

Nada acontece sem que se encontre encadeado a fatores precedentes. Toda vítima é, em si mesma, um algoz em recuperação, ante os Divinos Códigos.

Silenciou, mergulhando em reflexão, que respeitamos.

José Petitinga e Jésus Gonçalves que tudo acompanhavam, igualmente tocados nas fibras mais íntimas, e que cooperaram durante a remoção dos Espíritos que permaneceram no ambiente, comentaram, realmente sensibilizados.

Jésus asseverou:

– *Guardo comigo as chagas inomináveis do verdugo criminoso dos séculos IV e V, quando, na volúpia da loucura do poder, a serviço de Roma, dizimei vilas, aldeias, cidades inteiras, em selvageria incomum, culminando com o tremendo saque da mesma cidade em 410, um pouco antes de desencarnar. Mais tarde, ainda fascinado pelas glórias mentirosas do mundo, cometi hediondos crimes por meio de intrigas na corte francesa, assassinando huguenotes de início, depois católicos rebeldes e as vítimas que ainda gritam por socorro em La Rochelle...*

A hanseníase que me tomou na última jornada carnal foi-me o medicamento próprio para a enfermidade de longo porte que o Espírito conduzia e que somente o tempo e o trabalho podem servir de terapêutica definitiva para a libertação total. Posso, portanto, imaginar o que está reservado ao irmão infeliz que agora começa outro capítulo da vida... Vendo-o, revejo-me e dobro-me ante o sublime fardo do sofrimento depurador, agradecendo-lhe a presença...

Concordando, inteiramente, Petitinga adiu:

– *Também conheço de perto a perseguição e a dificuldade por haver abraçado na Terra a consoladora Doutrina de Jesus desvelada pelo Espiritismo. Naqueles dias heroicos do começo do primeiro quartel do século XX, a intolerância clerical de ambos os lados da vida era pertinaz e poderosa. Ante os sofrimentos que se iniciaram nos primórdios da adesão à fé grandiosa, o vinagre do sofrimento vertendo em quantidade do coração ralado pela dor, fez que procurasse auscultar o mundo íntimo e lá descobrir as causas desencadeadoras do processo iluminativo.*

Hoje bendigo todo e qualquer testemunho, procurando no trabalho de caridade o amparo e apoio para a renovação interna, ao tempo que compartilho com o meu próximo tudo quanto os Céus me têm ofertado em rica messe de paz e alegria.

Chegara o momento de reconduzir os convidados reencarnados aos lares, o que aconteceu mediante a cooperação dos trabalhadores do *amor* e *caridade*...

Inúmeros dos Espíritos que se haviam adentrado com o Rabino na sala e ali ficaram após a rendição do chefe, optaram pelo retorno, saindo em disparada. Isso lhes foi outorgado porque o livre-arbítrio é sempre a primeira opção, abrindo espaço para os futuros processos de expiação, quando a rebeldia é permanente.

À medida que se apresentavam no exterior, davam notícias da rendição do comandante, gerando pânico e desordem entre aqueles que se lhe submetiam... Alguns, mais audaciosos, sabendo-se livres do domínio terrível do sicário, fugiram em busca do próprio destino, enquanto outros retornaram às furnas de onde provieram.

O acontecimento, insólito para eles, que atribuíam poderes em excesso ao indigitado Rabino, facultava que, logo mais, entrariam em conflito, a fim de ser eleito quem o substituiria nas regiões que lhes serviam de domicílio. Sempre há disputas ferrenhas entre os maus, que se agridem na infelicidade que os vergasta, iludidos pela prepotência e suas façanhas macabras.

Deixados, portanto, à liberdade, nunca, porém, desassistidos pela Divina Providência, o tempo e as leis encarregar-se-iam de cuidá-los, encaminhando-os para o bem no momento próprio.

Nossa tarefa dizia respeito ao religioso insano e a alguns dos seus cooperadores, necessitados de socorro e de misericórdia, ora caridosamente atendidos.

Logo depois, havendo ficado alguns dementados e vítimas de zoantropia, sem comando mental, os trabalhadores do Evangelho do Amor e Caridade recolheram-nos em dependência especial da instituição para as convenientes terapias libertadoras da hipnose deformadora e da aflição indescritível de que eram vítimas.

Com a área em derredor da sociedade quase deserta dos membros das hostes do mal, observamos a densidade da psicosfera doentia e das formas-pensamento incontáveis que pairavam na região em que estiveram por pouco tempo.

As suas emanações psíquicas e as exteriorizações emocionais grosseiras deram lugar a uma nuvem sombria na qual permaneciam as exclamações de ódio, os gemidos e as aberrações que os tipificavam.

Sob a orientação do nosso mentor, especialistas em higiene ambiental utilizando-se de aparelhos próprios puseram-se a sanear, não somente o ar como o solo empestado das fixações ideoplásmicas prejudiciais.

O trabalho de preservação do ambiente é de alta relevância para as atividades espirituais que nele se devem operar, como é compreensível.

As nossas atividades realizadas sob condições especiais, na área dos fluidos e da energia, para que alcancem o êxito desejado, estão submetidas a muitas condições e circunstâncias, entre as quais a da higiene local. Por essa razão, fazem-se recomendáveis os cuidados para que as reuniões mediúnicas de cura, de atendimento fraternal e de socorro tenham lugar em recintos reservados para esses misteres em razão de serem providenciadas defesas e assepsiadas com frequência, liberando-as dos miasmas psíquicos dos enfermos de ambos os planos que para ali acorrem em busca de auxílio.

O dia amanhecera radioso, e após todos os trabalhos de limpeza e preservação do ambiente, podíamos ver o astro rei em toda a sua pujança e majestade, abençoando a vida no planeta.

Ainda, pela manhã, Anacleto, sentindo-se mais bem disposto do que noutros dias, procurou a Sociedade e o seu presidente, a fim de manter uma conversa edificante, que nos foi lícito acompanhar.

Recolhidos a uma saleta discreta, o irmão, antes inquieto, confessou ao amigo e companheiro de lide espiritista o que se passara com ele nos dias anteriores.

– *Tenho tido curiosos e estranhos sonhos* – disse, tentando recapitular as lembranças. – *Vejo-me com outros membros de nossa Casa, aqui mesmo, em reuniões muito graves de socorro a mim próprio e a outros mais, que nos encontramos necessitados.*

Infelizmente, muitos dos detalhes escapam-me, recordando-me somente de ocorrências em torno das minhas inquietações e distúrbios obsessivos. O amigo não desconhece que tenho passado por um período muito mal da existência, desde a desencarnação de Margarete. Ela era-me o sustentáculo, a segurança moral... Sem a sua presença física, as minhas resistências espirituais fraquejaram e permiti-me comportamentos incompatíveis com o Evangelho de Jesus, culminando, nos últimos tempos, em assumir compromissos perversos e manter conduta ultrajante...

À medida que se ia referindo ao descompasso moral, a emoção passou a beneficiá-lo com honesto arrependimento, que o levou ao extremo da verdade, informando:

– *Nessa loucura que de mim se apossou, furtei valores de nossa Casa, que repararei na primeira oportunidade, quando me tornei a brecha moral para a entrada do mal. Conto com a sua benevolência e compaixão, porquanto necessito de amparo e de oportunidade para recuperar-me.*

Venho colocar o cargo à disposição da diretoria, a fim de que a minha mazela não mais dificulte o trabalho do bem que é a característica da nossa Instituição.

A sinceridade é o selo do ato que precede a qualquer reparação. A coragem para enfrentar o erro e recomeçar a conduta saudável.

O nobre presidente segurou-lhe a mão, num gesto fraterno e superior, respondendo-lhe com amabilidade:

– *Nunca o irmão foi mais digno de continuar no seu posto do que hoje. Todos nos enganamos e temos o direito de refazer o caminho, de encontrar a melhor maneira para o reequilíbrio. Peço-lhe que permaneça ao nosso lado, ajudando-nos e ajudando-se. Darei conta aos demais companheiros que andam preocupados com o seu comportamento, a respeito do nosso encontro, sem entrar em detalhes em torno do que conversamos e todos lhe daremos o voto de confiança que você merece, para seguirmos unidos pela trilha de Jesus até o momento final...*

Enquanto isso, procure receber passes, a fim de ter aumentadas as suas forças espirituais e o trabalho que lhe diz respeito fará o restante para o seu total restabelecimento.

Notei que o diretor espiritual Hermano inspirava-o com ternura, ao mesmo tempo auxiliando o confessor a extravasar todos os conflitos num colóquio catártico, de excelentes resultados.

Durante o período em que foi mantido o encontro, efeito da mudança de foco mental do companheiro equivocado, o ser ovoidal que se lhe encontrava imantado ao *chakra* coronário, agitava-se e emitia sons inarticulados que traduziam revolta e agressividade, e porque a conversação avançasse no rumo da paz e da saúde moral, com o pensamento do enfermo totalmente voltado para o bem, o tubo que culminava numa forma de ventosa, ligando-o, afrouxou e deslindou-se, fazendo que o Espírito tombasse no solo.

Como se estivesse esperando essa ocorrência, Dr. Bezerra ergueu-o com as próprias mãos e falou-lhe docemente:

– *Agora durma, meu irmão, e repouse. Você está cansado e muito sofrido para continuar essa luta inglória. São novos os dias da esperança e você necessita de harmonia interior para eleger o caminho a seguir logo mais quando se libertar dessa injunção penosa.*

Nunca duvide do amor de nosso Pai, que jamais nos deixa ao abandono.

Você assim se encontra por livre opção. Em toda parte está presente o convite da vida para a harmonia e a felicidade, mas a criatura humana estúrdia infelizmente elege o prazer voluptuoso de um momento em prejuízo da alegria permanente, conquistada com esforço e, às vezes, sacrifício, que se faz muito bem compensado.

Irmãos devotados irão recolhê-lo a um hospital para a recuperação da forma alterada, e a futura reencarnação completar-lhe-á o trabalho de renovação e de paz.

Deus o guarde em bênçãos de harmonia!

A agitação diminuiu e o paciente foi entregue a dois diligentes enfermeiros da Casa que se encontravam a postos, aguardando.

– *Agora, nosso Anacleto terá mais facilidade para autossuperar-se. Desde que se resolveu pela mudança de comportamento, alteraram-se as faixas de sintonia e campos de vibração mental, facultando a libertação do vingador que o mantinha com ideias extravagantes num intercâmbio hipnótico demorado.*

As obsessões começam a diluir as constrições sobre o enfermo, quando esse resolve-se pela mudança das paisagens mentais que agasalham os parasitas espirituais, dando-lhes sustentação pelo tônus energético de que se constituem. Por essa razão, não o libertamos desse último explorador, favorecendo-o com a liberdade de escolha psicoterapêutica derivada da própria vontade.

Compreendi a atitude do benfeitor quando o socorrera na reunião a que já nos referimos, deixando aquela vinculação doentia, quando, aparentemente, poderia ser feita a libertação.

Se assim o fora, qual o mérito do necessitado, somente recebendo auxílio sem qualquer cooperação consciente de sua parte, sem nenhum interesse pela mudança de conduta moral?

São muito sábias as leis e os que as conhecem em profundidade podem comportar-se da maneira mais saudável e justa possível.

Jubilosos com as ocorrências em torno do irmão equivocado, passamos o dia em atividades socorristas na Instituição.

À noitinha, no horário habitual do estudo de *O Evangelho segundo o Espiritismo*, dos passes posteriores e do atendimento fraterno, alegramo-nos por encontrar a jovem Martina acolitada por Philippe na sala com saudável aspecto.

Continuava mergulhada em reflexões, lendo a mensagem de Jesus e deixando-se impregnar pelo seu conteúdo.

Desde o nosso primeiro encontro, quando foi induzida a adentrar-se pela Instituição, não mais voltou ao bordel de luxo, havendo-se impedido qualquer comunicação com o seu explorador encarnado.

Naquela oportunidade, ouviu a mensagem com lágrimas que nasciam no coração e escorriam pela face. A palestra versava sobre *Os inimigos desencarnados*, que muito a sensibilizava, porque ignorava totalmente esse intercâmbio, embora o conhecesse de maneira deformada, pelas tradicionais palestras religiosas e superstições ambientais.

Compreendeu que, provavelmente, ela estava incursa entre aqueles que lhes sofriam as injunções penosas e prometeu-se mudanças íntimas radicais.

Beneficiada pelos passes, logo depois, buscou o atendimento fraterno, para confirmar que estava disposta a assumir a maternidade, mesmo que sob muitos riscos, dentre os quais a perseguição do seu explorador, da dona do bordel e as dificuldades naturais que deveria enfrentar na condição de uma pessoa solitária...

A mãezinha, em processo de renascimento, foi tomada de incomparável júbilo, quando ouviu a filha informar a decisão de levar adiante a gravidez.

Nosso mentor, que acompanhava o diálogo conosco, murmurou:

– *A vitória do bem é sempre o resultado final de qualquer cometimento. Mais vidas sempre são resgatadas pelo amor.*

Prossigamos em nosso trabalho de libertação de consciências e de iluminação de vidas.

A noite avançava lentamente...

12

AS LUTAS RECRUDESCEM

Durante as primeiras horas da noite, foram chegando à Instituição de amor e de caridade pessoas atormentadas de vários tipos. Deprimidos, em lamentável estado de obsessão provocada por Entidades perniciosas, alguns portadores da esquizofrenia paranoide, outros inquietos com os problemas econômicos que os vergastavam e a grande maioria vítima de problemas existenciais...

A necessidade de receber socorro compelira-os a participar das atividades espíritas, ante a expectativa de conseguirem libertação e êxito a passe de mágica.

Ainda se formulam ideias muito equivocadas a respeito do Espiritismo, efeito natural da ignorância generalizada em torno do assunto, assim como das informações destituídas de fundamentos.

O Consolador prometido por Jesus veio oferecer aos seres humanos o conforto moral, mas também a diretriz de segurança para que adquira consciência dos deveres em relação à existência, compreendendo que os efeitos que resultam das ações negativas não podem ser detidos, mas diluídos pelas ações de enobrecimento. Ademais, Jesus elucidou que o *Paracleto* viria repetir as Suas palavras que estariam esquecidas e também dizer *coisas novas que, naquela ocasião, não podiam ser entendidas.*

Desse modo, a missão do Espiritismo é iluminar a consciência humana, ensinar o indivíduo a encontrar a própria paz sob a inspiração do Excelso Bem, conduzir com segurança aquele que o busca, propiciando-lhe harmonia interior e alegria de viver.

Naquele momento estava sendo preparado o auditório para a palestra semanal de elucidações sobre a Doutrina, após a qual sempre eram aplicados passes coletivos e especiais naqueles mais necessitados que os solicitavam adredemente.

Muito inspirada, a expositora da noite abordou o tema de *O Evangelho segundo o Espiritismo*, inserto no capítulo V, intitulado *Causas atuais e causas anteriores das aflições.*

Questão de grande atualidade, foi tratada com lógica e emoção, conduzindo o raciocínio dos ouvintes em torno da justiça das reencarnações e dos impositivos necessários para uma jornada de equilíbrio e de saúde.

Terminada a mensagem verbal, carregada de vibrações de harmonia e de fluidos salutares, os candidatos às entrevistas especiais seguiram a uma sala contígua, enquanto os demais permaneceram no recinto para o tratamento bioenergético.

Estávamos cooperando com os médiuns passistas, quando o nosso mentor foi procurado por uma senhora desencarnada em avançada idade, que vinha rogar socorro especial para o neto, naquele momento sendo orientado pelo atendente fraterno.

Mentalmente convocados, seguimos os demais membros da equipe e acompanhamos o diálogo de um dos jovens depressivos, que também sofria constritora obsessão de uma Entidade insensível e vingativa. O aspecto do desencarnado era repelente e permitia perceber-se que se encontrava em fase de transformação lupina... Acoplada ao jovem, perispírito a perispírito, beneficiava-se das suas energias, absorvendo-as por intermédio dos *chacras genésico* e *cerebral*, ao mesmo tempo que o induzia à fuga pelo suicídio...

Aturdido, sem equilibrada coordenação das ideias, com dificuldade e lentidão de pensamento, o paciente dizia-se infeliz, não sabendo o rumo a tomar, conforme narrava ao ouvinte atento. Encontrava-se sob tratamento psiquiátrico e as drogas que usava eram muito fortes, não conseguindo reverter o processo depressivo, ao mesmo tempo que mais o perturbavam. Estava disposto a parar a terapêutica, porém, sentia ímpetos de atirar-se pela janela do apartamento em que morava num décimo piso, buscando a morte, que seria inevitável.

– *Nesse ínterim* – explicou com dificuldade –, *a avozinha me apareceu em sonho, amparando-me.*

No dia imediato experimentei uma paz que já não recordava de haver sentido antes, mas logo depois voltaram as estranhas sensações e tornaram-se agudos os impulsos para o salto no vazio...

Em casa, sou muito martirizado por meu pai – lamentou com voz trêmula –, *que me considera um demente e preguiçoso, o que mais me atormenta e assusta. Não fosse o apoio de minha mãe e já teria resolvido essa dificuldade...*

Parou a narrativa e deixou-se dominar pela emoção das lágrimas.

Era jovem com menos de 25 anos de idade, apesar do desgaste que demonstrava, dando-lhe aparência de envelhecimento precoce.

Inspirado pelo seu guia espiritual que demonstrava sentimento de compaixão pelo enfermo, o amigo ouvinte explicou-lhe:

– *Nem toda doença é realmente apenas doença. Conforme você ouviu na palestra, há pouco, todos provimos de existências anteriores nas quais nem sempre mantivemos uma conduta sóbria ou digna, prejudicando, pela nossa incúria, outras pessoas que não conseguiram perdoar-nos. A morte arrebatou uns e outros, mantendo as consequências do seu comportamento escritas na consciência. Ao retornarmos à Terra para darmos continuidade ao processo evolutivo, defrontamos os gravames que seguiram conosco, agora, em forma de resgate, sofrimento, perturbação, especialmente provocados por aqueles que padeceram em nossas mãos ou graças a nós...*

Não poucos desses Espíritos, sedentos de vingança, vinculam-se-nos mentalmente e transmitem-nos os seus pensamentos negativos, desejando o nosso fracasso.

A depressão é uma das formas pela qual a Divina Consciência ajusta os endividados morais, porque a culpa adormecida na consciência ressurge, gerando conflitos e perturbando as neurocomunicações. Concomitantemente, porém, aqueles adversários investem furiosos contra a nossa fragilidade e agravam-nos o distúrbio, intoxicando-nos com as suas energias deletérias, com os seus pensamentos de ódio e, com o tempo, conseguem dominação quase absoluta sobre a nossa vontade.

Torna-se necessário um grande esforço para nos desprendermos da situação desditosa, recuperando a lucidez mental e o interesse pela vida.

Você fez muito bem em vir até nós, e acredito que haja sido a sua avó generosa quem o inspirou a essa tomada de decisão.

Não desanime, porquanto agora começa uma fase nova e feliz na sua atual existência. Mediante a terapia pelos passes, as instruções que absorverá nas palestras públicas e o seu esforço mental, você conseguirá libertar-se da constrição afligente do perseguidor e dos impulsos que o empurram para o suicídio... Se resolvesse o problema, o suicídio seria uma forma de libertar-se dele. No entanto, porque a vida prossegue, aquele que foge das aflições dessa forma, as reencontrará no Além-túmulo ampliadas, somando-se às dores impostas pelo gesto de covardia.

Recorra à oração, a leituras edificantes, de forma que o seu pensamento abandone o pessimismo e passe a cultivar a esperança e a alegria existencial, assim contribuindo para a normalização das neurocomunicações, graças, também, aos medicamentos que irão cooperar em favor do seu reequilíbrio.

Passe à sala de passes, beneficiando-se, desde já, e reprograme a sua existência. Você somente poderá ser ajudado se resolver por ajudar-se, oferecendo a sua parte, que é indispensável, nesse processo muito complicado.

Revelando melhor ânimo, o jovem levantou-se e retornou ao recinto onde estivera antes.

Um médium solícito acercou-se-lhe e aplicou-lhe passes com vibrações de saúde e paz.

Por nossa vez, o mentor também contribuiu com a sua energia poderosa, praticamente anestesiando o acompanhante desencarnado, sandeu e cínico, que zombava da sua vítima...

Ato contínuo, Dr. Bezerra afirmou à avozinha confiante que, ainda naquela noite, o neto seria convenientemente atendido, além do auxílio que acabara de auferir.

O jovem, que se apresentara antes quase vencido, renovou-se, experimentou a esperança de conseguir a cura, e assessorado pela avó saiu reflexionando de maneira diferente a respeito do problema que o angustiava.

Quando a verdadeira solidariedade viger entre as criaturas humanas e todas se recordarem de que o bem-estar de um membro redunda na alegria de todos, mudar-se-ão os quadros do sofrimento, em razão do auxílio recíproco que predominará, vencendo o egoísmo e as paixões primárias responsáveis pelos desastres morais e espirituais que assolam a Terra.

A missão do Espiritismo é a de conduzir as consciências aos irreprocháveis cultos do dever, tendo o amor como diretriz segura e insubstituível, o que não implica aceitação dos disparates apresentados pelos insanos, mas coragem para divulgar e viver o bem em todas e quaisquer situações, trabalhando-se pela ordem e pelo progresso, tanto individual quanto coletivo.

Mais tarde, quando as tarefas convencionais da Instituição foram encerradas, o nosso benfeitor convidou-nos e, ante a aquiescência do generoso Hermano, programou o trabalho de socorro ao jovem depressivo e obsidiado.

Às primeiras horas da madrugada estávamos todos reunidos, os mesmos que participáramos do socorro ao Rabino judeu, para o enfrentamento com as lutas que sempre recrudescem, especialmente nestes graves dias de transição planetária...

Dr. Bezerra destacou dois cooperadores desencarnados da Casa para que fossem buscar o jovem Raimundo em parcial desprendimento pelo sono, a fim de que se desse continuidade ao seu tratamento espiritual.

Em breves minutos os diligentes amigos retornaram, conduzindo o Espírito adormecido, ao qual se encontrava ligado o perturbador consciente, que blasfemava, colérico.

Como as vinculações existentes entre a vítima e o algoz são sempre na área do perispírito, liberando-se o Espírito pelo relativo desprendimento do corpo, os vínculos permanecem, arrastando os exploradores desencarnados ao lugar em que o Espírito compareça, quer lúcido ou adormecido.

Despertado pelo amigo dos sofredores, Raimundo procurou identificar onde se encontrava, reconhecendo a avozinha que o acompanhara desde o lar e buscou o reconforto da sua presença.

Sem delongas, a sua benfeitora explicou-lhe em breves palavras que aquele seria um momento de alta significação para a sua existência, conclamando-o a permanecer em paz e em confiança.

O dirigente espiritual Hermano proferiu a prece ungida de amor, que dava início à reunião, enquanto dona Celestina concentrava-se profundamente, ampliando as irradiações perispirituais em atitude receptiva.

Dr. Bezerra, por meio de passes dispersivos aplicados no paciente e no seu adversário, libertou o vingador que logo foi acoplado à médium em transe.

De imediato, rugindo de cólera, o desditoso interrogou:

– *Que se passa? Qual a razão deste conselho ou tribunal reunido, que me obriga a apresentar-me contra o meu próprio interesse?*

Com voz dúlcida e bondosa, o mentor esclareceu-lhe:

– *Não se trata de uma nem de outra organização, mas de uma reunião fraternal para um diálogo esclarecedor.*

Como o amigo não ignora, o intercâmbio entre as duas esferas da vida é contínuo e significativo. Aqui estamos a serviço de Jesus para libertá-lo do sofrimento que se prolonga por alguns decênios, somente por teimosia do irmão.

Nada justifica a sua inclemente perseguição ao jovem Raimundo, que lhe padece a injunção perversa, ameaçando-o de destruição da existência física. Todos renascem para progredir, para reparar e liberar-se do mal que lhe permanece insculpido nas delicadas fibras morais...

– Por que a falsa preocupação comigo, que lhe sou a vítima, que lhe experimentou o gládio da perversidade, ceifando-me a vida, em dias não muito distantes? Por que a preocupação benéfica em relação ao miserável que muitas vidas ceifou, inclemente, entre as quais se encontra a minha própria?

Éramos irmãos de sangue, mas diferentes em valores éticos. Enquanto eu era um verdadeiro Abel, ele sempre revelou-se um tremendo Caim... Com a morte dos nossos pais, ele deveria assumir os bens que nos pertenciam e proteger-me, por ser mais jovem e menos experiente. Que fez o insano? Apoderou-se, por meios ilegais, de todos os recursos, deixando-me à miséria, vitimado por doenças terríveis sem qualquer apoio nem misericórdia, até que a loucura de mim tomou conta, atirando-me às ruas do abandono total, quando veio a consumpção do corpo entre vagabundos outros amparados sob os viadutos da urbe paulistana...

Acompanhei os restos materiais em decomposição, devorados pelos vibriões e sofri a vampirização de outros desditosos que me constrangeram a mais horrores do que aqueles que eu trazia no coração. Isto porque ainda lúcido, jurei vingar-me e bebi todo o ácido do ódio e do desespero de que era possível, a fim de recuperar o que era meu...

Como, porém, eu poderia conseguir, se a justiça terrestre pertence aos poderosos que a tudo e a todos subornam e ganham?! Não foram poucos os recursos legais que procurei, sem qualquer resultado. Não bastasse o furto da herança, informado da minha situação de desespero, para atemorizar-me, contratou bandidos que me seviciaram, quase me matando, do que decorreu uma das enfermidades cruéis que me devorou até as últimas forças da lucidez...

Um dia, por fim, libertei-me dos vampiros que me exploravam e recuperei a liberdade, para encontrá-lo em novo corpo, marcado pelos conflitos da sua infâmia. Dei-me conta dos decênios que se haviam passado, nos quais sofri as garras infernais do mal, reunindo forças para a vingança.

Sentindo-me atraído por desconhecida força para o infiel, compreendi que podia ser o juiz do nosso combate, resolvendo por piorar-lhe o desequilíbrio em ânsia intérmina de vê-lo do lado de cá, onde o aguardo com volúpia para fazer com ele, conforme aconteceu comigo, em razão da sua ganância e perfídia...

Não há dor mais doída do que aquela que é fruto da traição de um irmão ambicioso e frio! Somente por meio do mesmo recurso que lhe seja imposto é que se pode tranquilizar, aquele que foi sua vítima.

A exposição era feita em tom de sofrimento e de revide com inflexão incomum. Misturava-se o ódio à amargura e ao desejo de desforço. Retorcendo-se na aparelhagem mediúnica, o Espírito estridulava, produzindo baba pegajosa que o médium exteriorizava com os olhos desmesuradamente abertos.

Havendo deixado que todo o fel fosse derramado, Dr. Bezerra falou-lhe com voz paternal:

– Compreendemos, sim, todas as suas dores e somos-lhe solidários. Todos nós, na fieira das reencarnações, vivenciamos momentos quase semelhantes, porquanto os instintos agressivos e malévolos em predominância em nossa natureza espiritual promovem essas situações terrivelmente desventuradas.

Em Caim, reza a tradição mitológica, Deus colocou um sinal para que ele expungisse, enquanto vivesse, o crime contra o seu irmão Abel. Também nele, Raimundo, as Leis Soberanas insculpiram a culpa que o vem acompanhando no trânsito carnal, a fim de que se recupere, não se fazendo necessária a aplicação da sua clava de justiça, que o torna verdugo, deixando de ser vítima.

Qual a atitude que aprendemos com Jesus no Calvário, após ser traído por Judas, negado por Pedro, seus amigos-irmãos por Ele elegidos e por toda a massa que recebera misericórdia e vida por intermédio das Suas mãos? Foi o perdão global, a todos aqueles que O maceraram, que O desconheceram, que O crucificaram. Isto, porque somente o perdão possui o lenitivo para diminuir a crueza purulenta das feridas do coração e da alma.

– Mas eu não tenho forças para o perdoar – reagiu o indigitado.

– Desde que, neste momento, não tenha condições para o perdoar – elucidou o mentor –, *dê-se, a si mesmo, a oportunidade de experimentar a felicidade de libertar-se dele, a quem se aferra, desde há muito tempo. Enquanto vicejar o ódio nos seus sentimentos, a ferro e a fogo de desespero, o mesmo ficará moldado no cerne do seu ser, como um lobo que caça a ovelha perdida ao seu alcance. Devorá-la não resolverá o problema, porque este é interno, é sede de loucura que não cessa, quando deveria desaparecer. Observe o seu aspecto, a perda sensível da*

forma humana, em decorrência das fixações lupinas que acalenta, como um animal ansioso por consumir a presa.

Você é filho de Deus, que o ama e sabe do seu sofrimento. Ele, porém, é Pai de ambos, sabendo aplicar o corretivo no ingrato e convidando o que foi vitimado à evolução. No mito bíblico, Abel foi substituído por Seth, graças ao Amor de Deus. De igual maneira, deixe morrer a lembrança tormentosa e renasça na forma do outro irmão que veio depois...

– Mas como fica a justiça? Ele caminhará feliz enquanto eu permanecerei na sombra do desespero indefinidamente?

– De forma alguma – ripostou o sábio mentor – *isso acontecerá. Marcado com a memória da culpa, como renasceu pelo crime hediondo perpetrado, ele traz as condições para sofrer a depressão depuradora, enquanto a aparelhagem genésica que você vem explorando, apresenta-se-lhe desde a adolescência, com graves impedimentos que o angustiam, sendo uma das causas psicológicas do transtorno de que você se aproveita para mais complicar.*

Nesse comenos, os irmãos Petitinga e Jésus aplicavam energias saudáveis no vampiro atormentado, que iriam alterar a forma em fase degenerativa e diminuir o impacto do ressentimento, do desejo de vingança.

Dando um significativo sinal à avozinha de Raimundo, esta aproximou-se do rebelde e disse-lhe:

– Não me reconheces, Melquíades? Fui mãe de ambos, naqueles dias tormentosos... Retornei ao mundo da verdade antes que o teu pai e, desde então, tenho buscado o consolo da perda do filho querido, como Eva, na Bíblia, rogando a Deus que mo devolvesse...

Desse modo, reencontrei o nosso infeliz Caim, mas também o sofrido Abel, que necessita transformar-se no complacente Seth para a felicidade de todos.

Teu pai retornou com ele e, hoje, no mundo físico, cobra-lhe os desmandos, detestando-o, molestando-o com remoques que lhe vêm do inconsciente amargurado. Não te parece demasiado um pagamento duplo? Até quando ele resistirá sem que ambos, tu e teu pai, sejais responsabilizados? Haverá, somente, uma mudança de postura, na qual o perseguido de hoje, tornando-se vítima daqueles a quem feriu ontem, reclamará também por justiça. Torna-se uma roda de sofrimentos sem fim, que necessita ser interrompida pelo amor.

O infeliz ouvia-a, deslumbrado, boca aberta, chorando copiosamente sem poder expressar-se verbalmente, tal a surpresa que o acometeu.

Trêmulo e tartamudeando, ergueu a cabeça na direção da voz doce e amena, logo interrogando:

– *Conheces toda a minha dor... O desespero enlouquece-me... Odeio com todas as veras do coração... Este desespero não tem fim... Anelo por arrebatá-lo de volta ao mundo das sombras infernais e aqui trucidá-lo, sem nunca o destruir...*

Após um silêncio angustiante, deu um grito de desespero, suplicando:

– *Tem piedade de mim, que sofro o desvario que nunca termina de consumir-me, e faze-me esquecer, somente esquecer, pois que não aguento mais este fardo insuportável, esta pressão que me trucida interiormente.*

– *Aqui estou, filho do coração, sempre como tua mãe que muito te ama e também sofre com a tua dor.*

Sois meus filhos, tu e ele, necessitados ambos de carinho e de oportunidade. Dorme na graça do Pai que nunca nos pune, que jamais deseja a infelicidade de quem quer que seja e aguarda o amanhã que surgirá risonho para ti, para todos nós.

Repousa, filho do coração, e no teu sono refaze as paisagens sombrias do teu pensamento. Juntos, depois, trabalharemos pela redenção do ingrato, amparando teu pai que derrapa também pela senda da animosidade da qual desconhece a causa...

Iluminando-se, em razão da imensa ternura que derramava em direção do sofredor, tomou-o nos braços como se fora a criança de antes e o retirou dos fluidos da médium, que passou a recuperar-se das descargas doentias transmitidas pelo enfermo espiritual.

Entregando o filho adormecido aos enfermeiros diligentes, a dama feliz agradeceu ao mentor, igualmente tocado nos sentimentos de amor, afastando-se.

Raimundo acompanhava todo o acontecimento sem o entender, quando Dr. Bezerra, tomando-lhe as mãos, explicou-lhe, suavemente:

– Hoje tem início um diferente amanhecer em tua existência. Toda dor, por mais se prolongue, alcança o momento de cessar... Isto, porque o amor é a Lei que vige soberana em todo o Universo. Recomeça o caminho e ama, procurando reabilitar-te dos gravames do passado que te seguem como torpe sombra.

Enfrentarás, ainda, por algum tempo, o transtorno depressivo a que fazes jus, tendo ocasião de meditar na dimensão dos antigos desmandos e considerar as grandiosas messes de que podes dispor para autoiluminar-te e servir a sociedade.

Deste contato conosco terás uma ideia pálida ao despertar, porém todas as ocorrências estarão arquivadas no teu inconsciente, a fim de que a tentação da prepotência e do crime não mais encontre guarida nos teus sentimentos.

Que o Senhor de bênçãos te favoreça com a Sua misericórdia e paz!

Ato contínuo, induziu-o ao sono e propôs que fosse levado de retorno ao lar, o que aconteceu, de imediato, pelos cooperadores dedicados.

Podíamos constatar que o sono físico é excelente oportunidade de convivência com o Mundo espiritual, no natural retorno ao *país* de origem, cada indivíduo sendo levado ao campo vibratório que lhe diz respeito por afinidade, realizando viagens astrais a outros níveis e regiões para aprendizagem, ou a sítios de sombra e de dor correspondentes às aspirações que lhe sejam compatíveis.

Ademais, confirmávamos que a Lei vigente no Universo para os seres pensantes após a de amor, é a do trabalho incessante, que se encarrega de os promover na escala evolutiva.

O repouso é engano dos nossos sentidos, porquanto, na simples mudança de atividade, desfruta-se de refazimento, de motivação para prosseguir.

13

ATENDIMENTO COLETIVO

No dia imediato, procuramos continuar participando das atividades habituais do Centro Espírita, porquanto necessitávamos de condições psíquicas para os serviços que teriam lugar durante as avançadas horas da noite.

Fôramos informado por Petitinga e por Jésus que o mentor pretendia convocar os Espíritos que foram recolhidos pelos cavaleiros templários para os ajudar, conforme as necessidades de um bom número deles. Aqueles que apresentavam os lamentáveis processos de zoantropia receberiam auxílio conveniente na comunidade espiritual do Mais-além, melhor equipada. Entretanto, aqueloutros que somente se encontravam em desvario, hipnotizados pelo dominador e submetidos a injunções muito dolorosas, porque ignorantes da realidade da vida, precisavam de orientação para renovar-se e voltar à prática do bem, do próprio progresso.

Na abençoada oficina de amor, que era a Instituição, multiplicavam-se, a cada momento, os serviços de socorro, porque, mantendo abertas as suas portas ao sofrimento de ambos os planos, sempre estava sendo visitada por uns encarnados e outros desencarnados em carência e desespero.

Acolhimento, portanto, e auxílio com providências cuidadosas, a fim de evitar que penetrassem no recinto os ociosos, os perversos e os burlões; as horas pareciam insuficientes para o atendimento que sempre se dava com calma e harmonia, sem improvisações, como sói acontecer com as responsabilidades espirituais sob direção segura dos nobres mentores.

Verdadeiro centro de benefícios espirituais, significativo número de benfeitores acorria às suas dependências, procurando atender aos afetos que haviam ficado na retaguarda orgânica, tanto quanto se haviam extraviado e encontravam-se em regiões de acerbas dores, ou por necessidade pessoal de aprendizagem e treinamento. Diversos cursos eram ministrados também pelos mensageiros da luz, para aprendizes desencarnados, que desejavam ser úteis, mas não possuíam experiência.

Curiosamente, acompanhei um grupo de atendentes liberados do corpo físico pela desencarnação, que se encarregavam das visitas àqueles que solicitavam ajuda por intermédio de correspondências ou por solicitação de terceiros...

Esses aspirantes ao serviço mais cuidadoso iniciavam-se sob a tutela de visitadores especializados, que seguiam aos lares solicitantes, tomando conhecimento dos problemas perturbadores e trabalhando as providências benéficas em favor deles.

Não poucas vezes, eram solicitadas ajudas, visitas e socorros. Nome e endereço eram colocados em um lugar especial para poderem ser anotados pelos trabalhadores que, a partir daquele momento, elegiam-se como assistentes dos aflitos.

As visitas eram feitas sempre que os solicitantes estivessem no lar ou nas avançadas horas da noite quando, adormecidos, poderiam receber o benefício da orientação, dos passes, da inspiração que os guiaria no cotidiano existencial.

À hora aprazada, conforme estabelecido anteriormente, com a presença do grupo mediúnico em recolhimento, o *médico dos pobres* expôs-nos, com bondade e sabedoria:

– *Os danos causados pelas incursões contínuas, há algum tempo, de perseguição às hostes Espíritas no Brasil e em toda parte, especialmente na Terra do Cruzeiro, pelos asseclas do Rabino, são expressivos.*

Desde quanto pôde compreender que o Espiritismo também é o cumprimento da promessa de Jesus, informando que retornaria por intermédio de o Paracleto, esse adversário soez passou a infiltrar-se nas atividades do movimento humano, gerando mal-estares, dissídios, competições infelizes, lutas internas, perturbações por desvio de conduta moral, disseminando a maledicência e todos os seus prejuízos... Sociedades respeitáveis passaram a receber a visita de militantes do mal, acompanhados por outros que se comprazem em molestar e gerar embaraços ao progresso, estimulando lutas inditosas, disputas clamorosas, em total olvido das lições do Evangelho, muito bem difundidas e pouco vivenciadas.

Mensageiros da Luz preocupados com a insurgência que se vem apresentando em diversos lugares onde deveriam reinar a concórdia e a fraternidade, têm chamado a atenção dos trabalhadores imprevidentes, que sempre se supõem impolutos, afirmando que o erro é sempre praticado pelos outros, sem que consigam o real despertar para o trabalho de autoburilamento e de vigilância. Insidiosamente, os perturbadores prosseguem penetrando nas hostes do bem, ameaçando a unidade do trabalho e afastando almas comprometidas, mas frágeis, que tombam no desânimo e na descrença.

Têm escasseado a abnegação e a renúncia, a humildade e o sacrifício, a benefício do egoísmo, da soberba e da presunção, geradores dos combates insanos e destrutivos, que afastam aqueles que buscam a paz e o bem...

É certo que, não apenas os sandeus estão vinculados ao nosso irmão Rabino, mas também grande número deles pertencentes a diversas raças e religiões, porque a perversidade não é patrimônio de um povo ou de outro, de uma ou de outra crença, mas do ser humano em si mesmo, ainda primitivo e vaidoso...

Aproveitando-se das brechas morais abertas nos servidores invigilantes pelos técnicos em obsessão, todos esses adversários da Luz invadem recintos antes fortalecidos pelo amor e semeiam a discórdia, geram enfrentamentos por questões banais, inspiram divisões nos conceitos doutrinários, perturbam e destroem...

Visivelmente preocupado, continuou com o mesmo tom de voz, no qual a vibração de seriedade e de significado profundo destacava-se:

– Os apelos dos mentores de diversos Núcleos Espíritas alcançaram o Senhor da Seara, que tomou providências por intermédio do Irmão Caridade, iniciando-se em toda parte em que Sua doutrina é apresentada, um programa de restabelecimento dos ideais conforme as bases kardequianas, que permanecem inquebrantáveis.

Várias providências vêm sendo tomadas em caráter de urgência, incluindo o nosso pequeno grupo, encarregado de demover o organizador das fileiras agressivas, que agora dorme em necessário refazimento, para um despertar angustiante e necessário, referente ao longo período de alucinação e de despautério.

Logo mais, estaremos atendendo àqueles que se encontram recolhidos em nossa Casa, e o mesmo vem acontecendo nos grupos sérios, nos quais a mediunidade é respeitada e trabalhada com honradez e abnegação, quando são orientados os adversários trazidos à comunicação dolorosa para eles e, ao mesmo tempo, libertadora.

Não se trata de uma fácil tarefa, como nada é tão simples como, às vezes, pode parecer, porquanto o seu objetivo não é apenas o de afastar o mal e os maus desencarnados, mas o de despertar os trabalhadores para que retornem às origens do dever e da caridade, vivendo conforme o preceituam para os demais.

Este momento severo de identificação de responsabilidades é também o de preparação para que se possam criar as condições hábeis para as ocorrências da felicidade que um dia pairará no planeta terrestre. Aos que se encontram vinculados a Jesus cabe a indeclinável tarefa de preparar o advento dos dias melhores, sem jactância nem precipitação, igualmente não complicando as possibilidades de realização.

A fatalidade do bem alcançará a meta destinada, mas todo aquele que se fizer impedimento, consciente ou inconscientemente, será afastado, sofrendo as consequências da sua insubordinação, porquanto, quase todos, hoje, estamos cientificados do que está acontecendo, assim como do que virá a suceder...

O nosso labor na Esfera espiritual será complementado pelos espíritas conscientes, e, sem dúvida, por todos os cidadãos afeiçoados ao dever e à prática dos compromissos assumidos com honradez.

A fé esclarecedora facilita a realização do programa, mas serão os sentimentos dignos, que se encontram em todas as criaturas, que se encarregarão de tornar realidade os projetos em desenvolvimento.

Divulgar, portanto, a lição da verdadeira fraternidade, vivenciando-a, esclarecer as massas pelo exemplo, despertar as consciências adormecidas mediante as clarinadas de ações benéficas, superar os apelos das paixões primitivas em favor da autorrealização constituem compromissos de todos os seres humanos convidados para a terra da esperança...

Novamente silenciou, enquanto todos o ouvíamos com a mente e com o sentimento enobrecido, logo prosseguindo:

– *Honrados pela oportunidade de servir, espalhemos o Reino de Deus em toda parte, cantando hosanas ao Senhor que nos ama e segue à frente.*

Agora, oremos e deixemos que a celeste inspiração nos alcance.

Luzes diáfanas bailavam em musicalidade suave no ambiente.

Pequenos e sucessivos grupos de irmãos atormentados foram conduzidos pelos cavaleiros templários, que demonstravam compreensível alegria por estar em serviço ao próximo como no passado, nos lamentáveis dias das Cruzadas, sendo colocados na sala ampliada na sua dimensão física...

Exsudando emanações doentias decorrentes do estado emocional e espiritual de que eram portadores os enfermos, lentamente a psicosfera ambiental foi-se alterando, até quando o salão estava totalmente repleto.

Os Espíritos em estado de deformação perispiritual que também haviam ficado no dia da rendição do Rabino permaneceram em Departamento espiritual de assistência que se comunicava diretamente com a nossa Colônia.

Em desconforto, quase todos, movimentavam--se nos lugares onde se encontravam, alguns hebetados, outros ansiosos, e mais outros de olhar esgazeado, sem noção do que estava acontecendo. Esses irmãos seriam parasitas espirituais que deveriam ser acoplados ao perispírito dos trabalhadores invigilantes e que ficaram retidos a benefício geral.

Havia também um número expressivo de turbulentos e zombeteiros que pareciam desejar a continuação no desvio de conduta, agora, porém, sem meios de fazê-lo.

Em a nuvem carregada de vibrações enfermiças, pontos luminosos atravessavam-na, alcançando os Espíritos atormentados.

Após uma prece emocionada e rica de amor, enunciada por Hermano, uma jovem desencarnada aos 20 anos de idade, aproximadamente, vestida em longa túnica branca esvoaçante de delicado tule, começou a cantar o *Adeste Fidelis*, de John Francis Wade, composto no século XVIII, para fazer parte dos cantos de Natal, que nos levou quase ao êxtase.

De pé fiéis, a letra da música sublime concitava-nos à permanência em atitude de vigilância para o serviço do bem em homenagem a Jesus.

Em face da expansão do hino de louvor por todo o recinto, as harmoniosas vibrações modificaram a pesada psicosfera, diluindo as ideoplastias viciosas e facultando que todos aspirássemos energias dulcificantes.

Terminada a peça musical, nosso benfeitor levantou--se e, da mesa mediúnica onde nos encontrávamos com os companheiros encarnados em desdobramento parcial pelo sono fisiológico, assim como tendo a presença de alguns mentores da Instituição, começou a falar:

– *Seja conosco a paz do Senhor!*

Por mais terrível seja a noite tempestuosa, o dia brilhante chega sem alarde, para a renovação dos desastres ocorridos.

Todas as aflições, mesmo aquelas que decorrem da teimosia dos sofredores, encontram a alternativa da esperança e da tranquilidade. Nenhum mal, portanto, pode permanecer prolongado em demasia. Após atender à finalidade para a qual se destina, cede lugar à renovação, ao equilíbrio, à esperança de novos cometimentos menos perturbadores...

Iludidos pela inferioridade, muitos de nós temos caminhado à margem do dever, tombando na loucura do prazer pessoal e dos desejos de dominação. Vítimas uns, algozes outros, constituímos a imensa legião dos filhos do Calvário, a que se reportou Jesus, informando que fora para tais que Ele viera.

Eis, pois, chegado o momento de O encontrarmos, alterando a conduta mental e emocional a que nos temos entregado ao longo dos tempos de alucinação e perversidade, de caprichosa teimosia no erro e na desídia.

Sempre soa a trombeta da renovação espiritual, anunciando novos tempos, que não mais se harmonizam com o crime nem com a prepotência de alguns sobre os demais. Todos nascemos livres, sendo dependentes dos nossos atos, quando bons experimentando júbilos e quando maus padecendo a escravidão em relação aos mesmos.

Elegestes, até agora, o caminho sombreado pelo crime e pela insensatez. Adotastes conduta de rebeldia, quais se fôsseis novos soberbos Lucíferes, atrevendo-vos a enfrentar as Leis Divinas. Em consequência da aberração, tombastes nas malhas do (inferno) sofrimento que espalhastes em muitos lugares, e que agora passais a recolher como cardos ferintes. Não recalcitreis ante a necessidade de recomeçardes com lágrimas as experiências desditosas que vivestes com sorrisos, enquanto outros choravam...

O Senhor não deseja que permaneçais nos cipoais da ignorância, e, por isso, enseja-vos a ocasião libertadora que agora vos chega em hinos de esperança. Libertai-vos da servidão dos instintos agressivos e vis, ampliando os sentimentos de amor e de compaixão em vossas vidas.

Como o passado não pode ser anulado, as consequências dos vossos atos encontram-se à vossa frente, aguardando a solução que tereis de adotar espontaneamente, a fim de logrardes a paz que ainda não conheceis.

Em vossas aflições perguntar-me-eis de que forma será possível essa renovação, esse trabalho de reconstrução das vossas vidas.

Àqueles que estão vinculados ao Judaísmo, responderemos que nos vossos livros sagrados, como no Sefer-Há-Bahir ou Livro da Iluminação e no Zôhar ou Livro da Esperança a transmigração das almas por intermédio dos corpos é conhecida como Guilgul Neshamot, e os hassidistas e cabalistas sabem que a reencarnação é o caminho, único, aliás, para facultar a regeneração do ser humano e a reparação dos males praticados através dos tempos. Aqueloutros que se encontravam matriculados no Cristianismo, também não ignoram o diálogo de Jesus com o doutor Nicodemos, quando lhe asseverou que "é necessário nascer de novo para entrar no Reino dos Céus... nascer da água (corpo) e do Espírito (personalidade nova)"...

A reencarnação é a escola bendita que faculta o desenvolvimento dos valores intelectuais e morais do Espírito no seu crescimento na busca da perfeição que lhe está destinada.

O amigo de Jesus fez uma pausa, a fim de facultar o entendimento das suas palavras.

Enquanto falava, a vibração da sua voz e o conteúdo da sua mensagem criaram uma harmonia ambiental que provocou a quietude dos infelizes, acalmando-os, na medida do possível, facultando-lhes absorver as palavras que lhes chegavam ao íntimo e ficariam impressas para sempre, mesmo que não entendidas naquele momento.

A seguir, o nobre mentor deu continuidade à explicação:

– *Seguistes o chamado da desordem e da destruição, porque participáveis da loucura proporcionada pela ignorância das Leis de Deus... Hipnotizados pelo terror e castigados pelas fúrias, fizestes o que vos era imposto sem dar-vos conta da sua gravidade. Agora despertais para a realidade nova que vos impõe responsabilidade pelos atos e compromissos impostergáveis.*

Vosso antigo chefe, mais infeliz do que vós todos, encontra-se adormecido, a fim de ter diminuídas as lembranças desditosas, de poder recomeçar do ponto em que parou dominado pela ira fugaz e pelo ódio abrasador... Também ele e outros tantos que se lhe submetiam avançarão pelos mesmos caminhos eivados de desares que os chamarão ao refazimento. Ninguém está incólume aos desígnios divinos, fazendo o que lhe apraz sem experimentar os efeitos dos atos de qualquer natureza.

O amor, porém, do Mestre Jesus por todas as Suas criaturas excede tudo quanto podemos imaginar dentro dos nossos limites egoísticos.

Hoje começa a vossa restauração. Acalmai os anseios do coração e os tormentos da mente, a fim de poderdes crescer interiormente, alcançando o patamar sublime da paz.

Que o Senhor a todos nos abençoe e nos ilumine.

Quando terminou, as sombras que pairavam no ar estavam quase totalmente diluídas.

Automaticamente, os cavaleiros templários puseram-se na atividade socorrista, distribuindo energias calmantes sobre as cabeças dos sofredores, alguns dominados pelo pranto do justo arrependimento, outros saindo da hebetação, outros mais expressando surpresa e admiração.

As mãos da caridade apresentavam-se luminosas em decorrência dos sentimentos dos passistas gentis, que aprenderam a arte e a ciência de servir ao seu próximo desde os terríveis dias das trevas medievais...

Todos nós, presentes, levantamo-nos e distendemos também nossas mãos na direção da turba em recolhimento interior possível, que se foi beneficiando das energias que os penetravam com finalidades específicas.

Foi, então, que, novamente, a voz do mentor fez-se ouvida, enquanto acordes musicais dominavam o ambiente:

Sublime Dispensador de bênçãos

Sublime Dispensador de bênçãos,

Quando a madrugada rompe a treva da ignorância anunciando o dia de júbilos, aqueles que Te servimos, saudamos-Te na condição de Sol de Primeira Grandeza, suplicando que a Tua luz dilua toda a nossa maldade, abrindo espaços para a instalação do reino do amor em nossas vidas.

Somos os Teus discípulos equivocados, que estamos de volta ao rebanho, em face da Tua misericórdia, após o abandono que nos impusemos ao longo da trilha evolutiva.

Recebe-nos como somos, a fim de que aprendamos a ser como desejas que o consigamos.

Nossa oferta ao Teu magnânimo coração já não é a taça de fel da ingratidão ou do abandono, mas o compromisso de ser-Te fiéis em quaisquer circunstâncias que enfrentemos amanhã, compreendendo que mesmo o sofrimento é dádiva celeste para a nossa purificação.

Como recebeste Pedro arrependido e lhe confiaste a direção do grupo estarrecido e foste buscar Judas nas regiões infernais, concedendo-lhe a oportunidade dos renascimentos purificadores, concede-nos, também, a todos nós, os discípulos ingratos, a misericórdia do Teu perdão em forma de renovação íntima pelos incontáveis processos das reencarnações lenificadoras.

Permite que os Teus mensageiros abnegados permaneçam conosco em Teu nome, auxiliando-nos no processo de iluminação, de forma que toda a treva que deixamos pela senda faça-se claridade e decidamo-nos por seguir adiante seja qual for o preço a resgatar.

Jesus!

Concede-nos a Tua dúlcida paz, a fim de que sejamos dignos de Ti, hoje, amanhã e sempre.

Harmonias siderais permaneciam no recinto banhado por claridade semelhante à do luar.

Cuidadosamente, os cavaleiros templários e os membros da Casa foram conduzindo os grupos socorridos à intimidade do edifício para imediata remoção à Colônia espiritual onde se prepararíam para as futuras reencarnações.

Entendemos, por fim, a grandiosidade e o poder do amor em nome do Sumo Bem, e os perigos que rondavam as comunidades dedicadas ao Crucificado sem culpa.

Encerrada a reunião, todos os membros encarnados foram reconduzidos aos seus respectivos lares e nós outros buscamos o repouso que nos facultaria melhor penetrar nos soberanos códigos da superior justiça.

14

ELUCIDAÇÕES PRECIOSAS E INDISPENSÁVEIS

No dia imediato, num intervalo das atividades em o núcleo que nos servia de base para as atividades, o benfeitor afável propôs-nos um encontro na sala mediúnica, naquele momento reservada para os seus labores próprios.

Reunimo-nos jubilosamente, na ocasião com a presença do generoso Hermano e mais alguns dos seus auxiliares, a fim de ouvirmos a palavra sábia do nosso diretor.

Depois de uma sentida oração por ele enunciada, saudou-nos cortesmente e elucidou-nos:

– *Por ocasião dos preparativos para a nossa excursão objetivando atender as necessidades de urgência no Movimento Espírita, especialmente em nossa Casa, evitamos detalhar situações, de modo que fossem menores as suas preocupações. Nada obstante, desde os primeiros momentos do nosso encontro, já nos encontrávamos informados de que o fermento do mal se havia espalhado por diversos núcleos no Brasil, assim como em outras nações que vêm recebendo as bênçãos do Consolador.*

Naturalmente, outros grupos estão recebendo a competente ajuda, conforme a superior planificação que nos convo-

cou para a tarefa especial de que nos estamos desincumbindo sob o auxílio dos Céus.

Apesar disso, temos conhecimento de que houve perigosas infiltrações dos acólitos do Rabino Sadoch em diversas searas, que prosseguem sob a injunção da perversa interferência...

Concomitantemente, considerando-se a transição moral e física a operar-se no planeta, hordas de desvairados espirituais que se homiziam em furnas infernais, investem contra os ativistas da Era Nova e procuram disseminar o morbo pestilento das dúvidas, das divisões, das intrigas destrutivas, conseguindo resultados de efeito grave e danoso, como já referido antes...

Não podemos ignorar a situação moral, espiritual, refletindo-se na política e na economia ora predominantes no mundo, que passa por momento de alta gravidade, quando desmoronam poderosas civilizações aos camartelos da Lei do Progresso e outras aparecem como emergentes, buscando substituí-las, mesmo que, para algumas, o trabalho escravo e o desrespeito à cidadania e à liberdade das pessoas sejam a pauta predominante. Em razão dos interesses que administram as nações em geral, procura-se ignorar a hediondez desses regimes autoritários, de forma a conseguir-se lucros e parcerias com as suas economias poderosas, nascidas na crueldade para com os povos que lhes padecem as imposições destrutivas...

O amigo dos infelizes fez uma pausa, como a concatenar as ideias, e logo prosseguiu:

– Ainda ontem, em dias próximos do passado, o Islamismo passou a ser considerado a doutrina religiosa que mais crescia no planeta terrestre. Os exemplos de terrorismo e de impiedade de alguns dos seus membros, em vez de encontrarem a repulsa da civilização, recebiam apoio de mentes encarnadas em desvarios e de psicopatas que fracassaram na conquista de projeção, refugiando-se nos antros do ódio, aderindo-lhes

aos programas nefastos de crimes de morte e de destruição da cultura tanto ocidental quanto oriental, em suas respectivas nações, desde que voltados contra os interesses de outra etnia ou facção da mesma doutrina religiosa... Os seus aiatolás, ressalvadas algumas poucas exceções, em vez de invectivarem contra a desoladora situação, que não encontra respaldo no Corão, seu livro sagrado, estimulavam a desordem, objetivando dominar o mundo com as propostas de violência de um lado e doutro à submissão aos seus caprichos mórbidos.

Estatísticas cuidadosas, baseadas nas leis da genética, estabelecem que a cultura e a civilização de uma época, para sobreviver no tempo, necessitam da reprodução humana em níveis básicos para atender ao desenvolvimento econômico e social, o que não vem ocorrendo na Europa e em outros países norte-americanos... Esse risco de desagregação civilizatória tem sido compensado pela volumosa imigração muçulmana, que a cada decênio atinge níveis surpreendentes de população nos países que a hospedam. É natural que, também, aumente o número de adeptos da sua crença e desenvolva-se o fanatismo, porque esses imigrantes, raramente portadores de idealismo e de cultura, lavradores e necessitados economicamente, mantêm as raízes da sua origem, não assimilando os conhecimentos, nem o idioma das nações que adotaram para viver, preservando os seus hábitos e mantendo os descendentes limitados pelos muros da ignorância escravagista. Parecia inevitável que esses povos, dentro de algumas poucas dezenas de anos, tornassem-se muçulmanos, o que não seria uma lástima, porém, recusando Jesus, constituiria um perigo às liberdades humanas e um retrocesso de largo porte no desenvolvimento do planeta, obstaculizando a sua renovação para mundo de regeneração.

Como ninguém, força alguma, pode erguer-se em forma de impedimento aos desígnios divinos, vêm reencarnando

Espíritos livres nesses países, adotando os recursos da comunicação virtual que facilitam o contato com todo o mundo, mesmo sob a adaga das duras leis que ameaçam os que as infringirem, tomando contato com o ocidente... De um para outro momento, essas redes de comunicação social, por intermédio da Internet, passaram a ser instrumento de relacionamentos e de advertências para os males que se prolongavam nessas pátrias sofridas nas mãos de ditadores insanos, havendo surgido o levante do sofrimento e surgido a denominada Primavera Árabe. Caíram alguns tronos e os que neles sentavam-se foram vítimas da mesma crueldade utilizada contra os seus reais ou supostos inimigos, ceifando-lhes as vidas hediondas. Homens temerários e poderosos fugiram para ocultar-se em covas no seio da Terra, ocultando a covardia, sendo encontrados como animais perseguidos e duramente aprisionados ou assassinados com a mesma fúria de que esses revolucionários haviam sido vítimas... E prossegue a primavera, mudando a geopolítica, na qual se envolve o ocidente ávido de beneficiar-se das riquezas minerais daqueles solos desérticos e mortos...

O grave problema que ainda não tem sido considerado diz respeito aos revolucionários que retiram do poder os tiranos, usando os mesmos métodos que condenavam nesses réus dos crimes contra a Humanidade, e ademais, se tomarem gosto e ambição pelo poder, que deveria transitar pelas suas mãos, passem a coagir os que anseiam pela liberdade, cerceando-a, a pouco e pouco, ficando na governança e postergando sempre o cumprimento das promessas que precederam à luta...

Ao mesmo tempo, em razão de serem países formados por etnias, não poucas vezes, de cultura e formação religiosa diferentes das bases primitivas do Corão, que deram lugar a várias interpretações, criando facções que se odeiam, umas às outras, está presente o risco de novas lutas intestinas com prejuízos incalculáveis para os ideais que, por um momento, tremularam nas flâmulas erguidas nas batalhas ferozes.

Infelizmente, já vem ocorrendo esse inditoso comportamento em algumas das nações que seriam transformadas e as promessas dos novos conquistadores ainda não foram cumpridas...

Todos esses sicários da Humanidade faziam-se, e alguns ainda se fazem, protegidos pela religião dominante, qual ocorreu no ocidente no passado, em que a mesma determinava quem devia governar, viver, possuir bens ou morrer, seguir para o exílio, para o cárcere, quando a Revolução Francesa enfrentou a torva tradição, pondo-lhe fim. O mesmo agora se passa na região atingida pela onda de busca de liberdade e de justiça... Em consequência, há ânsia de separação entre o estado e a religião, diminuindo ou fazendo desaparecer o poder infeliz e supremo dos seus aiatolás ou sacerdotes famintos de represálias.

Em consequência, a possibilidade expansionista de a fé muçulmana dominar a Europa e a Nova América, no porvir próximo, recua, senão, desaparece, enquanto a doçura e a compaixão, a misericórdia, o amor e a caridade do Messias Divino irão invadindo, sob outras condições, essas exaustas nações, nas quais naufragara anteriormente a Sua doutrina, que foi vítima dos sacerdotes e pastores desavisados e ambiciosos...

O maior número de guerras na Humanidade, de alguma forma, sempre teve a religião deste ou daquele teor como responsável, o que a torna abominável. Cabe ao Espiritismo a missão de modificar esse conceito por meio das suas propostas fundamentadas na certeza da imortalidade, na Justiça Divina através das reencarnações, conscientizando a todos, que sempre se recebe conforme se distribui.

Novamente o benfeitor silenciou, dando-nos tempo mental para a absorção do seu pensamento, logo depois, continuando:

– *Já, desde há poucos anos, também nesses países onde predominam a intolerância e o ódio por outras nações, como nestas últimas, estão reencarnando-se os promotores dos novos dias, a fim de que se abram as cortinas que vedam a verdade e se possa conhecê-la, sem nenhuma restrição. Ao mesmo tempo, as comunicações espirituais vão rompendo as barreiras impostas pelo fanatismo em relação ao texto da religião esposada, ensejando a compreensão mais ampla da vida além do túmulo, deixando de lado as fantasias do Inferno dantesco e do Céu enriquecido de prazeres sensuais, eróticos e embriagadores dos sentidos físicos, que não mais terão vigência nessa oportunidade...*

Poetas, pensadores, artistas de várias áreas da beleza, cientistas do passado e do presente, neles estarão retornando para despertar o pensamento, auxiliando-o na evolução da fraternidade entre todos os povos – uma só e única família, distinta de raças, de sangue, de paixões – na qual todos fruirão das bênçãos da harmonia.

De igual maneira, os cantores da verdade dos tempos idos estão retornando pela reencarnação, a fim de auxiliarem na grande arrancada do progresso libertador.

Judeus, muçulmanos, budistas, hinduístas, esoteristas, religiosos de outras designações, espiritualistas em geral ou não, pensadores e cientistas que se encorajem consultar a Bíblia ou os livros sagrados em que se fundamentam suas crenças, constatarão que a reencarnação é o cadinho purificador das impurezas humanas e facilitador do progresso infinito do espírito.

Leiamos, em Êxodo, capítulo 20, versículos 5 e 6, o que está exarado por Moisés: "Não te prostrarás diante delas e não as servirás porque Eu, Iavé, teu Deus, sou Deus zeloso, que visito a culpa dos pais sobre os filhos, na terceira e quarta geração dos que odeiam, mas que também ajo com benevolência ou misericórdia por milhares de gerações (renascimentos), sobre os que me amam e guardam os meus mandamentos".

Repetidas vezes encontramos no Velho como no Novo Testamento a presença das reencarnações demonstrando o amor e a sabedoria de Deus, no que tange ao progresso do espírito e à sua ânsia de perfeição. A doutrina que se reporta a uma existência exclusiva é incapaz de explicar todos os aparentes paradoxos existentes na Terra, no que se refere à criatura humana, às diferenças existentes, às ocorrências que as assinalam, aos comportamentos e condições de humanidade, assim como das raças e das nações...

Observe-se que o Senhor se refere a Moisés, no que diz respeito à Sua severidade na terceira e quarta gerações, quando o Espírito malfeitor já pode estar reencarnado na condição de neto ou bisneto dele mesmo, o que não ocorre na segunda, por que, nessa, encontra-se outro Espírito que lhe vem na condição de filho.

Será, portanto, por intermédio da reencarnação que o ser irá depurando-se, até libertar a essência divina que nele jaz, de toda impureza defluente do processo evolutivo, quando transitando nas faixas primárias do seu desenvolvimento.

Incapaz de gerenciar o amor que soluciona todos os problemas existenciais, experimenta o sofrimento que lhe retira as arestas maléficas, preparando-o para as grandes conquistas a caminho da plenitude.

Assim considerando, estamos sendo convidados a auxiliar os irmãos infelizes que igualmente estão no propósito de impedir ou criar embaraços à transição gloriosa, gerando difi-

culdades ao renascimento dos convidados espirituais de outra dimensão.

Mais tarde, após visitarmos algumas dessas sociedades espíritas que vêm sofrendo impedimentos, vítimas da invasão dos irmãos perniciosos, que tentaremos trazer à comunicação, também conviveremos um pouco com alguns dos imigrantes de Alcione que se encontram na psicosfera da nossa Terra amada, adaptando-se-lhe aos fluidos e aos condicionamentos, tendo em vista que procedem de regiões já felizes, onde não mais experimentam as dores nem as constrições próprias do nosso planeta.

Fitando o futuro por intermédio da imaginação iluminada pelas Bem-aventuranças propostas pelo Profeta nazareno, descortinamos o nosso mundo sem sombras, atendendo ao programa da evolução paulatina da luz vencendo todo tipo de treva, sem as amarguras do sofrimento nem as violências da insanidade, em razão de predominarem o amor, a justiça, a liberdade em hinos de ventura e de paz.

Que o Senhor seja louvado e atendido nos Seus anseios entre nós!

Ao silenciar, todos estávamos realmente deslumbrados meditando nos conceitos exarados, e que a mim, particularmente, nunca haviam ocorrido, como a expansão da Doutrina Muçulmana, a habilidade dos imigrantes em conquistar o mundo por meio da proliferação da raça, na reprodução humana, considerando-se a expectativa que mantínhamos em relação ao crescimento da Doutrina Cristã totalmente renovada e em condições de auxiliar os nautas sofridos na embarcação terrestre.

Sucede que, nada que diz respeito ao progresso do ser e da Humanidade, seja fruto da improvisação, mas é sempre resultado de uma programação muito bem elaborada para essa finalidade.

As horas que se sucederam foram de valiosos comentários entre nós, especialmente debatendo a missão histórica do Espiritismo no mundo conturbado dos nossos dias.

Seria o Espiritismo a religião do porvir? – conforme interrogara Allan Kardec – pensávamos, constatando, porém, que isso não iria acontecer, em razão das diferenças evolutivas das criaturas no orbe, mas que seria, isto sim, *o porvir das religiões*, que aceitariam alguns dos seus paradigmas, hoje, por elas negados, a fim de sustentarem a sua teologia incapaz de esclarecer as interrogações de todo tipo, nas respectivas áreas da Ciência, da filosofia e da moral.

15

INTERVENÇÃO OPORTUNA

Naquela mesma noite, ao estarmos reunidos, os trabalhadores de ambos os planos, conforme sucedera anteriormente, aguardamos que os obreiros de outras sociedades atingidas pela fúria dos asseclas do Rabino Sadoch, trouxessem alguns deles, os mais destacados, à nossa reunião mediúnica.

Em poucos minutos, encontravam-se cinco Entidades rancorosas, de aspecto grosseiro, semiadormecidas, e um grupo de outras, igualmente portadoras de expressão fescenina, relutando nas faixas vibratórias que as envolviam e as conduziram ao nosso recinto.

Aberta a reunião pelo diretor Hermano, os médiuns Celestina e Marcos entraram em transe profundo, atraindo à comunicação dois dos convidados indigitados, que despertaram fixados aos seus perispíritos em expansão, ocorrendo simultaneamente a psicofonia torturada e a agressiva. Marcelo e Dr. Bezerra cuidaram de os atender de imediato, o nosso mentor elegendo o Rabino Melquisedec, que se comunicava pela senhora transfigurada.

Percebemos que toda a sala foi tomada por expressivas defesas fluídicas, mantendo os estranhos visitantes dentro do seu campo, de modo que podiam ouvir e acompanhar todos os detalhes das comunicações dos seus líderes em rebeldia compreensível.

O Rabino, à semelhança do chefe, anteriormente, blasonou:

– *Somente por meio da traição é que os covardes discípulos do Cordeiro conseguem alcançar-nos, ignorando, propositalmente, que também temos direitos diante das leis que vigem no Universo...*

– *Sem dúvida* – ripostou Dr. Bezerra –, *os mesmos direitos que têm concedido àqueles que lhes caíram nas malhas perversas... Direitos que se atribuem de ferir e atormentar, de gerar embaraços à obra do bem, de infelicitar...*

O irmão encoraja-se a chamar-nos traidores, nós que usamos os recursos da oração e da misericórdia, comparados com os seus mecanismos de injúria, crueza e ódios com os quais intoxicam os incautos e os arrastam aos seus presídios hediondos, em processos obsessivos pungentes...

– *Temos o direito de obedecer às autoridades da nossa crença* – exasperado, reagiu o comunicante. – *Não fora pelo dever de seguir as suas ordens e não encetaríamos essa luta demorada e aterrorizante.*

– *Diz muito bem, que se encontra a serviço de um Espírito infeliz, que acaba de render-se à verdade, submetendo-se à mansidão de Jesus.*

– *Não houve qualquer submissão, mas imposição de maneira arbitrária, em face do método execrável que foi utilizado para detê-lo na armadilha soez que lhe prepararam.*

– *O amigo encontra-se equivocado. O senhor Rabino Sadoch veio espontaneamente e adentrou-se em nosso reduto guiado pelo seu instinto de destruição, sendo vítima da própria presunção... Ele deveria saber que esta Casa tem orientação e obedece a um programa elaborado pelo Senhor da Vida, e que sua tentativa de invasão resultaria infrutífera, correndo o risco de tombar nas próprias malhas do atrevimento. Encorajado, porém, pelo sucesso que alguns dos seus seguidores alcançaram aqui como em outros núcleos de amor, não se deteve ante a impetuosidade de resolver os seus propósitos inferiores de uma só vez sob a ferocidade da própria violência...*

– Afinal, que esperam de nós outros, que nada temos com esta sua Casa?

– Certamente, os senhores nada têm contra a nossa Casa, mas encontram-se dominados pela fúria em favor do enfrentamento com os servidores de Jesus, aos quais armam ciladas, agridem-nos, seduzem-nos com os seus cantos de sereia, para arrastá-los de maneira inclemente para a sua dominação...

– É que a promessa desse Crucificado que se dizia nosso Messias é falsa e hedionda, havendo gerado na História perseguições cruentas contra a raça eleita por Jeová, sendo um falso profeta que foi justiçado conforme merecia... É natural, portanto, que nos levantemos em todos os tempos contra Ele, por meio dos seus infelizes herdeiros e divulgadores da grande mentira. Não descansaremos enquanto não modificarmos as estruturas da verdadeira doutrina exarada na Torá e nos demais livros sagrados de nosso povo...

– Ouvindo o irmão assim referir-se, tem-se ideia de que se encontra com razão, quando a habilidade sofista lhe toma o raciocínio. Jesus é o Messias de Deus, não somente para Israel, mas para toda a Humanidade. Ninguém como Ele viveu tão integralmente a verdade, nem mesmo qualquer profeta que O antecedeu ou sucedeu, porquanto todos aqueles que vieram

anunciá-lO estavam aquém da Sua grandeza. Foi Ele quem se levantou para atender o poviléu desprezado pelos preconceitos mentirosos das classes sociais cultivadas pela tradição e preservadas nas sinagogas... A Sua capacidade de amar e de perdoar jamais se apresentou em alguém que se Lhe equipare.

As perseguições a que se refere, não foram de Jesus, mas dos exploradores que se apossaram dos Seus ensinamentos e os converteram em força e poder temporais, distantes d'Ele, que foi muito claro, quanto aos compromissos para com Deus e os outros para com Mamom. Optaram, enlouquecidos pelo mundo, fugindo d'Ele e desprezando-O...

Não se pode julgar e condenar o povo israelense pelo crime que foi perpetrado pelos infelizes do Sinédrio e da governança romana, da mesma forma que também não se podem acusar todos os indivíduos de insânia pela crueldade mantida nas guerras ancestrais contra os filisteus, de outros povos destruídos, dos adoradores de Baal, assim como de outros deuses. Uma religião que não cultiva a misericórdia, nem a compaixão, um povo que não respeita o direito dos outros povos, não merecem consideração, tornando-se execráveis os seus atos, mas dando-se chance aos seus descendentes que não são responsáveis pela hediondez dos seus antepassados. De igual maneira, não se pode responsabilizar o Mestre da compaixão pelos crimes cometidos por aqueles que O traíram através dos tempos, infligindo perseguições e danos a todos quantos os desagradavam.

Simultaneamente, o dialogador Marcelo esclarecia o outro vingador com palavras algo equivalentes, enquanto os ouvintes, agora atentos, acompanhavam os diálogos, especialmente o do Dr. Bezerra com o Rabino Melquisedec.

– O irmão pode observar que os novos discípulos de Jesus, nas trilhas do Espiritismo, vêm tentando restabelecer a pureza e elevação dos princípios por Ele propostos no amor e

na caridade, no carinho para com o próximo, especialmente em relação àqueles que são infelizes, que experimentam tormentos de qualquer natureza...

– *Tudo isso faz parte da grande farsa* – retrucou, ainda colérico.

Parecia que, sentindo-se atingido pelo verbo fluente e verdadeiro do benfeitor, banhado pelas vibrações de bondade e de compaixão para com ele, optava por manter a agressividade por falta total de argumentos que justificassem o infeliz comportamento.

– *Não temos outro interesse que não seja o seu e o bem-estar de todos aqueles que se encontram sob a constrição do ódio e da amargura.*

– *Você é que pensa isso, porque nos encontramos felizes nos propósitos e desempenhos que nos permitimos.*

– *Além de ser infiel à verdade, o irmão é insolente e presunçoso, porque ninguém pode estar feliz enquanto persegue, explora e trabalha pela desdita de outro.*

Desejamos adverti-lo que todo o mal que se faz, reverte-se em mal para si próprio. Do contrário, consultemos o Gênesis, no seu capítulo 15, versículos 15 e 16, que assevera: "Quanto a ti, em paz irás para os teus pais, serás sepultado numa velhice feliz. É na quarta geração que eles voltarão para cá, porque até lá a falta (entenda-se o crime praticado) pelos amorreus não terá sido paga".

Equivale a dizer que enquanto não seja resgatado o erro, não se poderá retornar ao seio de Iavéh.

Vejamos, quando o amigo desencarnou, quando morreram as suas carnes e a vida orgânica cessou no túmulo... para onde seguiu? Qual o paraíso que o recebeu, embora se considere um bom pastor que deveria ter sido para o seu povo? O ódio inclemente devorou-o, não deixando qualquer vestí-

gio do conhecimento espiritual, empurrando-o para o abismo em que se encontra até hoje, vários séculos transcorridos. Que doutrina é essa, incapaz de ajudar o seu fiel no momento mais grave da sua existência de ser imortal?

Aproveite este instante para refletir e reconsiderar as atitudes cruentas que vem mantendo e os propósitos infelizes contra Jesus, representado nos seus humildes seguidores sedentos de amor e de piedade. A reencarnação, conforme exarada no texto do Gênesis, a todos se nos impõe e ninguém se lhe furtará, por ser uma Lei Universal. De um para outro momento o Senhor dos mundos convoca-nos para o retorno ao corpo, e como renascerá o amigo e irmão? Como poderá fugir à Lei Divina?

Esta é a oportunidade, sua e de todos aqueles que se encontram nesta guerra sem vencedores, do mal contra o bem, da violência contra a pacificação, do ódio contra o amor. Até quando se prolongará a grande noite que os envolve?

O benfeitor falava a todos os presentes convidados e trazidos para essa ocasião culminante.

Ouviram-se, de imediato, choro e exclamações, objurgatórias, súplicas de amparo, que eram atendidas pelos cavaleiros templários e pelos trabalhadores do Evangelho das instituições em pauta, recolhendo-os com ternura e cuidando das suas dores no despertar doloroso...

Tocando a fronte da médium com infinita bondade, Dr. Bezerra concluiu:

– Somente por intermédio da coragem de rever a própria situação é que o ser encontra-se consigo mesmo, para depois encontrar-se com Deus.

O irmão não está sendo julgado, nem censurado, antes estamos convidando-o à mudança de atitude, ao encontro com a felicidade que a todos nos aguarda.

A mão do mentor que tocava o chacra cerebral do enfermo, por intermédio da médium sonambúlica, iluminou-se gloriosamente e os raios penetraram a organização espiritual do demente, fazendo-o explodir numa cascata de lágrimas e de lamentações, qual criança desprotegida.

– *Socorro, Senhor Deus de Israel!*

E pôs-se em lágrimas a murmurar o salmo 106, repetindo o versículo 1: Louvai ao Senhor: "*Louvai ao Senhor, porque Ele é bom; porque a sua benignidade é para sempre*"...

E, autoafligindo-se, completou:

– *Mas eu sou infeliz e desgraçado, que não segui as orientações do Senhor. Ai de mim!...*

Compassivamente, o nosso orientador lhe disse:

– *O Senhor é benigno e misericordioso: "Bem-aventurados os que observam o direito, os que praticam a justiça em todos os tempos", como acentua o versículo terceiro do mesmo capítulo. O direito e a justiça que devem ser praticados são o trabalho em favor de todos e a misericórdia para com as criaturas, o que não estava sucedendo. Mas não se martirize, continuando a louvar o Senhor até o momento da sua glória pessoal.*

Houve um grande silêncio, somente quebrado pelas lágrimas ruidosas acompanhadas de exclamações, igualmente seguidas pelo comunicante por intermédio de Marcos e dos demais sofredores, que passaram a receber conveniente assistência das equipes de servidores de Jesus.

Emudecido pela emoção, o Rabino Melquisedec, com esforço e constrangimento, conseguiu encerrar o encontro, murmurando:

– *Que o Senhor faça-o deitar-se em verdes pastos... E perdoe-me!... por misericórdia!...*

Referia-se, sem dúvida ao salmo 23, sendo acolhido ternamente por Petitinga e Jésus Gonçalves que se encarregaram de adormecê-lo, a fim de que, ao despertar, se encontrasse sereno e confiante na excelsa misericórdia.

Todos somos viajantes de longas jornadas interrompidas pela insensatez e recomeçadas com os *joelhos desconjuntados*, todos carentes de perdão e de novos ensejos de reparação e de construção do bem no imo, nos sentimentos e nos pensamentos.

Depois que foram recolhidos esses amigos trazidos à comunicação e à assistência, a sala foi preparada para a continuação das atividades programadas.

Uma suave luz violácea invadiu lentamente todo o recinto que agora se transformava em um anfiteatro grego de pequenas proporções, com o céu a descoberto, salpicado pelos astros estrelares, cercado de rosais, mirtos e angélicas em flor, produzindo uma brisa perfumada que nos invadia, alegrando-nos sobremaneira.

Já não apresentava o aspecto da sala habitual, fazendo-nos recordar algumas das construções de nossa Esfera, onde se dão os grandes encontros e espetáculos de beleza conduzindo nosso pensamento a Jesus.

Permanecia também a torre de vigia guardada cuidadosamente pelos membros da ordem religiosa do passado.

Na parte central, embaixo dos degraus circulares, encontrava-se uma mesa retangular e, ao seu lado, uma tribuna ornada com folhas de louro, numa representação da vitória do bem sobre todo o mal.

O nobre Hermano e o Dr. Bezerra desceram ao centro acompanhados por nós outros e os trabalhadores das Casas espíritas presentes, enquanto começaram a aparecer mais de um milhar de Espíritos que repletaram as galerias, podendo-se destacar entre eles muitos reencarnados em desdobramento parcial pelo sono fisiológico, certamente trazidos pelos seus guias espirituais.

Nesse comenos, o som de alaúdes dedilhados com maestria dominou o recinto e vimos a mesma jovem de antes apresentar-se encantadora num solo especial exaltando a grandeza de Jesus.

Ao terminar, com a plateia vivamente emocionada, o mentor exorou a divina proteção para o labor daquela madrugada e, ao concluir, vimos descer as escadarias do anfiteatro algumas dezenas de Espíritos de alta estirpe que deslizavam em direção da arena, com estatura maior do que a nossa, circundando-a e irradiando claridade mirífica que nos fascinava.

Imediatamente, um tubo de luz foi projetado do Alto, e dentro dele condensou-se o *Santo de Assis*, assessorado por alguns dos seus discípulos mais próximos, evocando os gloriosos dias do passado...

Não podíamos dominar as lágrimas de felicidade que aljofravam em nossos olhos e derramavam-se pelas nossas faces.

Era um momento sublime, inesquecível, no qual se apagavam todas as memórias menos belas ou assinaladas por qualquer tipo de sofrimento.

Com a expressão iluminada pela paz profunda de que era portador, São Francisco acercou-se da tribuna que recebeu um jato de luz, qual ocorre nos teatros quando estão em destaque algumas cenas ou pessoas, e permaneceu nimbado de bênçãos, numa atitude de ímpar humildade, enunciando:

– Irmãos de todos os quadrantes da Terra e almas grandiosas de Alcíone:

Seja com todos nós a paz irretocável do Senhor Jesus!

Vivemos o grande momento da luta sem quartel, na qual os exércitos do Senhor e Mestre estarão equipados com os instrumentos do amor e da misericórdia, a fim de ser restaurado, na Terra, o reino da mansidão e da caridade para com tudo e com todos.

Tem sido um grande desafio existencial a preservação do bem no ádito dos corações, especialmente quando surgem os primeiros raios de luz significando esperança de paz e de progresso real para a Humanidade.

As incomparáveis conquistas do conhecimento científico, embora a contribuição indiscutível em favor do processo evolutivo, não conseguiram realmente atender às íntimas necessidades do ser humano que busca a paz. Essa resulta, exclusivamente, do amor nas suas mais variadas expressões, desde aquelas que dizem respeito à própria iluminação, quanto a que se exterioriza em favor do próximo. Isso significa renúncia, abnegação, devotamento e, sobretudo, vivência da caridade.

Há sede de harmonia no mundo individual, apesar de algumas criaturas estarem cercadas de excessos de toda ordem, vivenciando, porém, a perda de sentido espiritual, e, por consequência, da paz que somente Jesus pode oferecer.

Assim considerando, torna-se inevitável que se organizem cruzadas de amor em favor de todos os seres em sofrimento na Terra, ao mesmo tempo trabalhando-se pela instauração da legítima fraternidade, sem a qual será impossível a presença do equilíbrio entre as pessoas e as nações.

Jesus acena-nos com a Sua misericórdia, convidando-nos à luta na Sua seara de sacrifícios. Ninguém espere gratificações pelo trabalho a executar ou regime de exceção no programa depurativo por que passa o planeta.

A contribuição pessoal é valiosa em forma de dedicação ao dever e renúncia ao egoísmo destruidor, que tem sido a causa da ruína de todos aqueles que avançam inadvertidos desse perigo iminente. Enquanto luz a oportunidade de servir, que não seja postergada a ação socorrista, porquanto será sempre benéfica para aquele que a executa.

Somos as filhas e os filhos do Calvário em caminhada redentora, superando as imperfeições morais que devem ser diluídas pelo esforço de autoiluminação, perseverando nas refregas contra o mal que teima em predominar em a nossa natureza espiritual.

Toda e qualquer expressão de amor oferecida aos irmãos viventes torna-se gota de luz em nosso caminho penumbroso, que ficará assinalado pelas nossas pegadas que rumam na direção do Grande Foco, que é o Mestre dos desvalidos e desafortunados, sempre aguardando-nos...

Não recalcitremos em relação aos testemunhos. Uma existência sem sacrifício e sem abnegação é uma viagem sem gratulação íntima ao país da fantasia, que a realidade demonstra a falta de significação... É nas altas temperaturas que os metais fazem-se maleáveis a formas novas, assim como na lapidação as gemas grosseiras transformam-se em estrelas. De igual maneira, será sempre no combate que o Espírito aprimora-se, aformoseando-se e desenvolvendo a luz divina que nele jaz.

Fostes, como nós outros, convidados para trabalhar na Sua vinha neste momento difícil, porque estais habilitados para o melhor combate, assessorados pela convicção da vossa imortalidade.

Muito vos será pedido, porque haveis recebido muito socorro dos Céus. Iluminai, portanto, a Terra em desfalecimento, em angústia e treva... É após o máximo da tormenta que surgem as primeiras manifestações da bonança.

Vós, amados visitantes, que já desfrutais dos júbilos conseguidos a duras penas, defrontareis com as mais covardes ciladas, a que já não estais acostumados, experimentando grande surpresa ao verificardes os métodos primitivos que são usados pelos adversários da verdade, desejando impor as suas mentiras e ilusões... As vossas palavras e sentimentos serão transformados em armas com que vos tentarão atingir, diminuindo-vos o ardor nas refregas. Compreendei que se trata de combatentes perversos e inescrupulosos, que não têm qualquer contato com a ética nem com a dignidade. Importa-lhes vencer a qualquer preço e não superar-se internamente, a fim de conquistarem os outros corações... O seu objetivo é destrutivo, enquanto estais acostumados somente com a edificação.

Vinde de outra dimensão do amor de Nosso Pai. Ouvistes considerar a miséria moral do grão de areia cósmico, que é o planeta terrestre, e, compadecidos da nossa inferioridade, de nós todos, os seus habitantes e filhos temporários, oferecestes-vos para contribuir com vosso sacrifício em favor da sua ascensão na escala evolutiva dos mundos.

Sede bem-vindos, irmãos da misericórdia e da solidariedade! Nós vos saudamos e agradecemos ao Excelso Criador a imerecida caridade para conosco. Erguei-nos do caos moral em que ainda nos encontramos às cumeadas da verdadeira plenitude.

Auguramos-vos todo o êxito sob as bênçãos de Jesus, o Incomparável Construtor da escola terrestre.

Que a serena paz defluente da justiça e do amor sem jaça permaneça com todos nós.

Com especial ternura e afeto, o vosso irmão Francisco.

Ao silenciar, podíamos ouvir o pulsar da Natureza em festa e a sinfonia emocionante da gratidão que vibrava em todos nós, os Espíritos terrestres e os abençoados visitantes de Alcíone, que também tinham lágrimas que lhes perolavam nos olhos.

Sem quaisquer outros comentários a reunião foi encerrada com vibrante oração pronunciada pelo nosso benfeitor Dr. Bezerra de Menezes, que nos conduziu à perfeita comunhão com o pensamento de Jesus.

O *Anjo de Assis* e seus acompanhantes retornaram ao tubo de luz, volvendo à Esfera superior na qual habitam.

As equipes encarregadas de conduzir os irmãos ainda reencarnados colocaram-se ao seu lado, tomando as providências de os reencaminhar aos respectivos domicílios, auxiliando-os na preservação da memória, embora fragmentária, dos acontecimentos da noite inolvidável.

Logo mais seriam iniciados novos labores, convidando-nos à contribuição, mínima que fosse em favor da construção do mundo novo em pleno desenvolvimento.

16

DURANTE A GRANDE TRANSIÇÃO PLANETÁRIA

No dia seguinte, pela manhã, nosso grupo reuniu-se à sombra de belo carvalho no parque da cidade, onde crianças brincavam assistidas por auxiliares domésticas, ao mesmo tempo que pessoas apressadas atravessavam-no seguindo ao atendimento dos deveres e compromissos habituais.

O Sol brilhava suavemente dourando com leveza a folhagem verde das árvores vetustas, osculando as miúdas flores e a grama bem-cuidada.

Perfumes, nos braços da brisa, confraternizavam com as onomatopeias da Natureza em festa.

Impregnados pelo amor do *Poverello*, não tínhamos coragem de quebrar a harmonia interior com quaisquer interrogações que nos fustigassem a mente.

Nesse ambiente de orquestração das bênçãos ao ar livre, o querido mentor abarcou a paisagem humana em movimento com um doce olhar de ternura e de compaixão, considerando:

– A população terrestre alcança a passos largos o expressivo número de sete bilhões de seres reencarnados simultaneamente, disputando a oportunidade da evolução...

Embora as grandes aquisições do conhecimento tecnológico e dos avanços da ciência na sua multiplicidade de áreas, nestes dias conturbados os valores transcendentes não têm recebido a necessária consideração dos estudiosos que se dedicam à análise e à promoção dos recursos humanos, vivendo mais preocupados com as técnicas do que com o comportamento moral, que é de suma importância. Por isso, a herança que se transfere para as gerações novas que ora habitam o planeta diz mais respeito à ganância, ao prazer dos sentidos físicos, à conquista de espaço de qualquer maneira, dando lugar à violência e à desordem...

O desprezo de muitos líderes e de incontáveis multiplicadores de opinião pelas religiões do passado e o fanatismo que vem sendo desenvolvido em torno do espiritualismo de ocasião, encarregado de amealhar recursos monetários para a existência e de favorecer com saúde aqueles que mais facilmente a possam comprar a soldo dos poderes endinheirados, têm dado lugar ao materialismo e ao utilitarismo em que as pessoas comprazem-se, distantes da solidariedade, da compaixão e do espírito fraternal, ante a dificuldade da real vivência do amor, conforme ensinado e vivido por Jesus.

Podemos dizer que se vive o período da extravagância e do gozo imediato, sem que sejam mensuradas as consequências perniciosas dessa conduta decorrentes.

Os indivíduos parecem anestesiados em relação aos tesouros da alma, com as exceções compreensíveis, e mesmo entre alguns daqueles que abraçam a revelação espírita, os conflitos de vária ordem permanecem na condição de mecanismos de defesa contra a abnegação e a entrega total ao Messias de Nazaré.

Alguns indivíduos, que se consideram ousados e cépticos, não levam em consideração os acontecimentos que assolam o planeta, seja no que diz respeito às convulsões sísmicas, cada vez mais vigorosas e trágicas, seja no tocante às de natureza sociológica, econômico-financeira, psicológica, ético-moral aterrorizantes. Outros, mais tímidos, deixam-se seduzir por informações religiosas ortodoxas, amedrontados e inquietos ante a perspectiva do fim do mundo.

Estabelecem-se datas compulsórias com certa leviandade, como se um cataclismo cósmico devesse ocorrer, com um caráter punitivo à sociedade que se tem distanciado de Deus, numa espécie de absurda vingança... Ignorando a extensão do amor de Nosso Pai, esperam o desencadear da Sua ira em processo de punição extrema, como se a vida ficasse encerrada no fenômeno da morte física.

Felizmente, o fim do mundo de que falam as profecias refere-se àquele de natureza moral, sem dúvida, com a ocorrência inevitável de sucessos trágicos, que arrebatarão comunidades, facultando a renovação social, que a ausência do amor não consegue lograr como seria de desejar... Esses fenômenos não se encontram programados para tal ou qual período, num fatalismo aterrador, mas para um largo período de transformações, adaptações, acontecimentos favoráveis à vigência da ordem e da solidariedade entre todos os seres.

É compreensível, portanto, que a ocorrência mais grave esteja, de certo modo, a depender do livre-arbítrio das próprias criaturas humanas, cuja conduta poderá apressar ou retardar, ou mesmo modificar, a sua constituição, suavizando-a ou agravando-a...

Com muita justeza alguém definiu o Universo como um grande pensamento, pois que tudo quanto nele existe vi-

bra, reflete-se na sua estrutura, contribui para a sua preservação ou desordem.

Qualquer definição de período torna-se temerária, em razão dos acontecimentos de cada dia, responsáveis pelas funestas ocorrências.

Se as mentes humanas, em vez do cultivo do egoísmo, da insensatez, da perversidade, emitirem ondas de bondade e de compaixão, de amor e de misericórdia, certamente alterar-se-ão os fenômenos programados para a grande mudança que já se vem operando.

As mais vigorosas convulsões planetárias tornam-se necessárias para que haja alteração para melhor no clima, na estabilidade relativa das grandes placas tectônicas, nas organizações sociais e comunitárias, com os recursos agrários e alimentícios naturais para manter no futuro as populações não mais esfaimadas nem miseráveis, como ocorre na atualidade...

Compreendendo-se a transitoriedade da experiência física, a psicosfera do planeta será muito diferente, porque as emissões do pensamento alterarão as faixas vibratórias atuais que contribuirão para a harmonia de todos, para o aproveitamento do tempo disponível, em preparação jubilosa para o enfrentamento da mudança que terá lugar para muitos mediante a desencarnação que os levará para outro campo da realidade.

O amor de Nosso Pai e a ternura de Jesus para com o Seu rebanho diminuirão a gravidade dos acontecimentos, mediante também a compaixão e a misericórdia, embora a severidade da Lei de Progresso.

Todos nos encontramos, desencarnados e encarnados, comprometidos com o programa da transição planetária para melhor. Por essa razão, todos devemos empenhar-nos no trabalho de transformação moral interior, envolvendo-nos em luz, de modo que nenhuma treva possa causar-nos transtorno ou levar-nos a dificultar a marcha da evolução.

Certamente, os Espíritos ainda fixados nas paixões degradantes, em razão do seu primitivismo, sintonizarão com outras ondas vibratórias próprias a mundos inferiores, para eles transferindo-se por sintonia, onde se tornarão trabalhadores positivos pelos recursos que já possuem em relação a essas regiões mais atrasadas, nas quais aprenderão as lições da humildade e do bem proceder. Tudo se encadeia nas Leis Divinas, nunca faltando recursos superiores para o desenvolvimento moral do Espírito. Nesse imenso processo de transformação molecular até o instante da angelitude, há meios propiciatórios para o crescimento intelecto-moral, sem as graves injunções punitivas, nem os lamentáveis privilégios para alguns em detrimento dos outros.

Nesse sentido, as comunicações espirituais por meio da mediunidade representam uma valiosa contribuição aos viajantes carnais, por demonstrar-lhes a imortalidade, a Justiça Divina, os mecanismos de valorização da experiência na reencarnação e o imenso significado de cada momento existencial.

Ser-nos-á mais fácil estimulá-los ao aprendizado pelo amor do que por meio dos impositivos do sofrimento, convidando-os à reflexão e ao labor da caridade fraternal com que se enriquecerão, preparando-se para a libertação inevitável pela desencarnação, quando ocorrer.

Tudo era uma festa de cor e luz, de burburinho e movimentação, quando o benfeitor calou-se por um momento.

A seguir, deu continuidade à dissertação oportuna:

– *Louvar e agradecer ao Senhor do Universo pela glória da vida que nos é concedida e suplicar-Lhe auxílio para sermos fiéis aos postulados do pensamento de Jesus, nosso Mestre e Guia, constituem deveres nossos em todos os momentos.*

Desse modo, os médiuns devotados, os divulgadores do bem em todas as esferas sociais experimentarão o aguilhão da dificuldade, sofrerão o apodo e a incompreensão desenfreada que têm sido preservados pela invigilância.

Não seja de surpreender que os melhores sentimentos de todos aqueles que porfiam com Jesus sejam deturpados e transformados em instrumento de aflição para eles próprios.

O amor, quando autêntico, dá testemunho da sua fidelidade. Nos dias atuais, os cristãos legítimos ainda constituem reduzido grupo, fazendo lembrar o período das rudes provações durante os três primeiros séculos de divulgação da mensagem de Jesus no Império Romano.

Todos serão chamados ao sacrifício, de alguma forma, a fim de demonstrarem a excelência dos conteúdos evangélicos, considerando-se, por um lado, as injunções pessoais que exigem reparação e a fidelidade que pede confirmação pelo exemplo. Que se não estranhem as dificuldades que se apresentam inesperadamente, causando, não poucas vezes, surpresa e angústia.

Toda adesão ao bem produz uma reação equivalente, que se faz superada pelo espírito de abnegação.

Todos admiramos e emocionamo-nos quando tomamos conhecimento da grandeza dos mártires do passado, nada obstante, quando convocados ao prosseguimento do testemunho, nem sempre nos comportamos como seria de desejar. Por isso, o refúgio da oração apresenta-se como o lugar seguro para reabastecer as forças e prosseguir com alegria.

As Entidades que se comprazem na volúpia da vampirização das energias dos encarnados distraídos e insensatos, voltam-se, naturalmente, contra os emissários de Jesus onde se encontrem, gerando conflitos em sua volta e agredindo-os com ferocidade. Em vez da tristeza e do desencanto que sempre tomam o lutador, ele deve voltar-se para a alegria do serviço, agradecendo aos Céus a oportunidade autoiluminativa, sem que nisso ocorra qualquer expressão de masoquismo.

Sem dúvida, numa fase de grandes mudanças, conforme vem sucedendo, as dores sempre se apresentam mais expressivas e volumosas, porque os velhos hábitos devem ceder lugar às novas injunções do progresso. É natural, portanto, que as forças geradoras da anarquia e do desar, sentindo-se combatidas em todas as fronteiras, invistam com os mecanismos de que dispõem, buscando manter as condições em que se expressam. É compreensível, portanto, que todos aqueles que se devotam aos valores humanos que dignificam sejam considerados inimigos que devem ser combatidos.

Desse modo, constitui-nos uma honra qualquer sofrimento por amor ao ideal da verdade, à construção do mundo novo.

Que o discernimento superior possa assinalar-nos a todos, e que os mais valiosos recursos que se possuam, sejam colocados à disposição do Senhor da Vinha que segue à frente.

Após um silêncio oportuno, concluiu:

– *Novas atividades aguardam-nos. Sigamos!*

Sob o comando do nosso abnegado mentor, dirigimo-nos a uma região encantadora, adornada por imensa praia de areia alvinitente, na qual as sucessivas ondas do oceano tranquilo arrebentavam-se em espumas brancas...

A regular distância vimos uma bela e colossal construção fluídica, quase uma Cidade espiritual, que apresentava expressiva movimentação de Entidades laboriosas.

Luminosidade peculiar exteriorizava-se das edificações, denotando a excelência das atividades que ali se realizavam, enquanto uma projeção de especial claridade envolvia-a delimitando os seus contornos, o que constituía impedimento a qualquer tipo de invasão por seres inferiores.

Percebendo-nos a estranheza e o encantamento que nos tomou conta a todos que o acompanhávamos, o nobre guia esclareceu:

– *Trata-se de uma comunidade reservada à preparação dos nossos irmãos de Alcíone que se candidatam à reencarnação na Terra.*

Por eleição geral é denominada Santuário da Esperança, pois que, de algumas delas, têm partido os construtores da Era Nova para os cometimentos em nosso formoso planeta, enquanto os demais missionários que retornam do passado, virão diretamente, deixando os seus redutos de iluminação onde ora se encontram, para o mergulho direto no mundo celular...

Em face do estágio vibratório da Esfera de onde procedem, os irmãos da esperança necessitam de algumas adaptações perispirituais compatíveis com os impositivos terrestres, assim como de adaptação à psicosfera do novo temporário domicílio...

Esses santuários vêm sendo construídos desde o fim do século passado, quando começaram a hospedar nossos generosos amigos benfeitores, em muitos países do nosso querido orbe.

Considerando-se que os missionários estarão reencarnando-se nas mais diversas áreas do conhecimento, assim como nos mais variados segmentos da sociedade, os que vêm de fora do nosso sistema passam por uma fase de adaptação perispiritual necessária ao êxito do ministério que irão desempenhar.

Submetem-se a experimentos especiais, de modo que a sua adaptação ao novo corpo, que deverão modelar, seja menos penosa. Isto, porque vivendo em uma Esfera onde as dores e enfermidades físicas já não vigem, na condição de procedimentos depuradores, torna-se-lhes indispensável condensar no perispírito energias próprias à habitabilidade terrestre.

Esse voluntariado por amor é também sacrificial, porque é muito mais gratificante a ascensão aos planos superiores da vida, enquanto que a descida às furnas provacionais constitui verdadeiro desafio.

Mediante essa reflexão, pode-se ter uma ideia, pálida embora, do que significou o mergulho de Jesus nas densas trevas e pesadas energias do nosso planeta, quando nos veio ensinar os sublimes processos do amor e da elevação. Como consequência, Ele sempre reservou períodos constantes do Seu tempo para manter a sintonia com o Pai, a fim de orar e meditar, fosse no deserto ou na movimentação urbana com os companheiros, mantendo silêncios significativos e preciosos para a continuidade da Sua incomparável missão.

Silenciou, por um momento, ante o nosso espanto.

Confesso que, pessoalmente, ignorava a existência dessas nobres Comunidades que se encontravam espalhadas no planeta querido, servindo de laboratórios especiais para a reencarnação dos visitantes abnegados.

Muito lógico, porém, refleti, ao tomar conhecimento da sua realidade, porquanto, nós outros, os terrestres, a fim de descermos ao mundo das águas necessitamos de equipamentos próprios, tanto quanto ao sairmos da área de oxigênio que circunda o planeta, qual ocorre com os astronautas...

A mente começou a gerar interrogações e uma grande curiosidade em relação ao aprendizado que poderíamos fruir, a partir daquele momento em que nos era permitido visitar aquele núcleo abençoado de preparação especial.

– *O processo de transição* – continuou o mentor – *apresenta-se, há um bom tempo, com fases específicas: as ocorrências sísmicas, que são de todos os períodos, agora, porém, mais aceleradas, os sofrimentos morais decorrentes das conjunturas enfermiças geradas pelas próprias criaturas humanas, em razão de haverem optado pelos roteiros mais difíceis, as en-*

fermidades dilaceradoras que encontram campo de expansão naqueles que se encontram receptivos, as dores coletivas resultantes dos interesses subalternos dos déspotas, dos ambiciosos, dos que se fazem verdugos da Humanidade, assessorados por outros semelhantes que os mantêm na condição infeliz...

...E outros processos igualmente afligentes, convidando todas as criaturas a reflexões em torno das mudanças que se estão operando e que prosseguirão com mais severidade.

É natural que o Senhor Jesus haja providenciado o retorno dos Seus mensageiros que assinalaram suas épocas com as características de amor e sabedoria, de modo que impulsionaram o progresso da humanidade até este momento culminante, agora necessários para o grande enfrentamento com as heranças enfermiças que permanecem na psicosfera do planeta, em razão da condição primária de alguns dos seus habitantes.

Concomitantemente, torna-se indispensável a presença de missionários de outra dimensão que, ao lado desses, conseguirão vencer as urdiduras e programações dos desastres morais, modificando a estrutura moral do globo, que irá ascendendo a situação mais própria a mundo de regeneração.

Visitemos, agora, esse santuário de atividades abençoadas, em favor do futuro da Humanidade terrestre.

A minha imaginação não teria concebido uma cidade ajardinada e bela quanto a que ora visitávamos.

Havia no ar um suave perfume carregado levemente pela brisa do dia.

Uma luminosidade peculiar, que não era originada na irradiação solar, banhava toda a extensão alcançada pelos olhos.

A movimentação era expressiva, correspondendo a de uma cidade terrestre de médio porte.

Edifícios de grandes dimensões, porém não muito altos, multiplicavam-se, encantando com as suas formas originais toda a paisagem urbana, adornada de jardins com árvores que eu desconhecia, enquanto veículos, algo diversos dos nossos, flutuavam acima do solo em movimentação equilibrada, sem exageros de velocidade. Aves canoras de belíssima plumagem, vez que outra, cortavam o ar embelezando a Natureza, em si mesma rica de imagens coloridas.

No pórtico de entrada, aguardava-nos um Espírito nobre que nos recebeu com jovialidade e ternura.

O mentor, sem articular palavra oral, apresentou-nos o pequeno grupo e pudemos perceber o pensamento do recepcionista, saudando-nos afavelmente.

Eu me encontrava, sinceramente, deslumbrado com as ocorrências que se sucediam em um caleidoscópio de rara beleza.

Era a primeira vez que nos acontecia algo semelhante. Pensando, sem muito esforço, os sons que seriam emitidos partiam da mente em modulações internas que eram captadas por todos nós.

Muitas vezes, na Terra, perguntava-me como seriam as comunicações nas Esferas superiores da vida, e agora podia vivenciar a experiência encantadora.

Conforme me referi, oportunamente, em outra obra, os Espíritos apresentavam-se com as mesmas características terrestres, sem qualquer forma de exotismo ou de cor estranha, um pouco mais delgados e de estatura regular, correspondente a um metro e oitenta, mais ou menos, com harmonia da forma e beleza incomum, irradiando simpatia envolvente.

Conduziu-nos por larga e bem desenhada avenida entre construções quadrangulares de material fluídico que permitia ver-se o interior de algumas, enquanto outras faziam recordar algumas universidades americanas cujos edifícios espalhavam-se pelo *campus* a perder de vista.

Caminhamos aprazivelmente por uma distância de pouco mais de cem metros e fomos conduzidos a um grandioso prédio de três pisos, cuja entrada ampla e muito bem equipada de aparelhos que apresentavam algumas das suas salas, ascendemos ao segundo andar, onde fomos recepcionados por um grupo simpático de estudiosos, conforme identifiquei depois, da área do perispírito.

O nosso acompanhante apresentou-nos ao responsável pelo centro de pesquisas, informando que éramos um dos muitos grupos encarregados de divulgar a presença dos trabalhadores de Alcíone no futuro do planeta terrestre.

Com especial deferência ao nosso mentor e bondade para conosco, o diretor da área explicou a necessidade da adaptação dos visitantes de outra dimensão às condições planetárias em que deveriam operar.

Conduzindo-nos a outra sala, pudemos observar que um número expressivo de Espíritos encontrava-se sob forte jato de energia luminosa em concentração profunda. Naquele estado, concentrados nos objetivos que os traziam à Terra, desdobravam as características de expansibilidade perispiritual, neles quase que absorvidas pelo Espírito, a fim de poderem plasmar as necessidades típicas do veículo carnal de que se revestiriam quando no ministério reencarnatório.

À medida que os Espíritos progridem, as funções do corpo intermediário são absorvidas lentamente pelo ser imortal, em face da desnecessidade de construir corpos com os sinais do processo evolutivo, corrompidos, degenerados, limitados... Atingindo uma faixa mais elevada, o ser espiritual proporciona o renascimento por meio de automatismo, tendo como modelo a forma saudável e bela, cada vez mais sutil e nobre até alcançar o estado de plenitude, o *Reino dos Céus* interior...

Aquela operação delicada de remodelagem perispiritual facultava ao Espírito o retorno psíquico ao período em que as reencarnações eram-lhe penosas, e, portanto, imprimiam nos tecidos delicados da sua estrutura as necessidades evolutivas.

Era grande o número de cooperadores do processo de recuperação perispiritual nos moldes terrenos, e enquanto isso ocorria, aparelhos delicados acoplados à cabeça, transmitiam acontecimentos planetários do nosso orbe, a fim de que se acostumassem com as ocorrências do cotidiano, objetivando facilitar-lhes o trânsito com os demais membros da grande família humana em que se localizariam.

Todas essas informações eram-nos transmitidas mentalmente, em formoso processo de telepatia, como acontecia, às vezes, em determinadas intervenções de trabalhos espirituais, que nos permitiam captar o pensamento dos mentores e até as ocorrências que tiveram lugar na existência dos pacientes.

A sensação de harmonia nesse intercâmbio comovia-nos, elucidava-nos muito mais do que por meio das palavras.

Desapareciam quaisquer dúvidas, porquanto, ao reflexionar, à medida que tomávamos conhecimento das informações, automaticamente recebíamos também o esclarecimento, sem necessidade de interrogação.

Dr. Bezerra, que certamente estava familiarizado com todo aquele trabalho, havendo sido o intermediário para conduzir-nos àquele centro de realizações, exteriorizava ondas de bem-estar e de alegria, igualmente falando-

-nos da Terra do amanhã, quando as dores batessem em retirada e as criaturas, voltadas para o bem, pudessem fruir as dádivas da harmonia.

Por aproximadamente duas horas estivemos sendo instruídos pelo nobre cientista, anunciando-se o momento do nosso retorno.

O amado benfeitor agradeceu em nome de todos nós a deferência dos bondosos amigos e fomos conduzidos de volta ao pórtico de entrada da fascinante cidade da esperança, despedindo-nos jubilosamente.

Foi nesse ínterim, enquanto retornávamos ao nosso núcleo de apoio, que o venerável benfeitor nos explicou que as construções, à semelhança do que ocorreu quando da edificação da torre de vigia no Amor e Caridade, haviam sido programadas e executadas por engenheiros de Alcíone que, antes da chegada dos que se deveriam reencarnar, criaram os pousos onde ficariam preparando-se, para depois poderem transitar na psicosfera terrestre, comunicando-se mediunicamente e participando dos labores espirituais...

Verdadeiras vias de comunicação entre a bela estrela e a Terra haviam sido abertas, vencendo as colossais distâncias, a fim de que o intercâmbio se fizesse com segurança, utilizando-se recursos específicos de volição...

17

ÚLTIMAS ATIVIDADES

O tempo urgia e as atividades eram contínuas. Levas de sofredores acorriam ao auxílio do núcleo onde nos hospedávamos, e rapidamente anunciava-se a hora do retorno à nossa colônia.

Inúmeros serviços puderam ser executados naqueles dias com visitas a diversas instituições espíritas que padeceram as injunções perniciosas do arguto perseguidor, e algumas delas ainda prosseguiam sob os acúleos do sofrimento e dos tresvarios, o que, certamente, demoraria algum tempo de experiências aflitivas para a necessária recuperação.

Quando se não ouve e não se segue a diretriz do amor, o sofrimento se apresenta como o grande mestre que corrige e orienta, lapida a brutalidade diamantina fazendo surgir a estrela fulgurante, e, mesmo prolongando-se no tempo, termina por produzir os resultados benéficos que todos desejamos.

O Centro Espírita Amor e Caridade havia-se recomposto, o irmão Anacleto despertou para a realidade dos seus deveres, voltando a ser o diligente e dedicado trabalhador de antes, deixando a lição de que ninguém está isento dos assédios perversos das trevas e das quedas abissais no erro, por desvio da mente que deve sempre estar vigilante no reto cumprimento dos deveres.

Martina havia encontrado o rumo da iluminação interior e cuidava da gestação com ternura e devotamento inigualáveis, sensibilizando-nos pela renovação que se imprimia a cada dia.

O programa que dizia respeito aos trabalhadores de Alcíone que mergulhavam na atmosfera terrestre para o sublime labor da transição planetária, tinha continuidade segura, desenhando-se novos cometimentos cujos frutos já se podiam colher no comportamento social de alguns idealistas, iniciando-se a Era de paz que, embora ainda demorasse, já apresentava os sinais de elevação e de harmonia.

Nesse comenos, nosso benfeitor elucidou-nos que desejava, naquela penúltima noite em que nos encontrávamos na atividade especial, visitar um dos lugares mais sombrios da cidade.

– *Vivemos* – explicou-nos ele – *no mundo o período da drogadição, evocando a figura simbólica de um dos quatro cavaleiros do apocalipse de João, sendo que, as crianças e os jovens são as vítimas inermes mais prejudicadas, embora a epidemia alcance todos os níveis de idade e segmentos sociais.*

Punge-nos os sentimentos a situação deplorável dos viciados, que se permitem a enfermidade moral que os destrói de maneira perversa e contínua. Temos visitado esses lugares infelizes onde as fronteiras do Mundo espiritual mesclam-se com as do mundo material em nefasto intercâmbio de exaustão e loucura.

Gostaríamos, desse modo, de nossa visita à Cracolândia local, desde que as grandes cidades têm-nas encravadas no seu coração, conhecidas pelas autoridades e pelas pessoas impotentes para anulá-las. Verdadeiras regiões punitivas na Terra são redutos de infelicidade e de perversão, demonstrando a inferioridade do nosso querido planeta e as dores superlativas dos Espíritos que as buscam.

Revistamo-nos de compaixão e do sentimento solidário de caridade, a fim de nos adentrarmos nessa comunidade de desditosos, forrados pelos elevados propósitos do auxílio e da ternura espiritual, perguntando-nos, no imo da alma: – Que faria Jesus em nosso lugar, caso aqui estivesse?

E como nos enviou em Seu lugar, deveremos realizar quanto nos seja possível, bem próximo da Sua sublime ação. Oremos, preparando-nos para o labor, logo mais, quando esteja presente o maior número de vítimas.

Ante o convite do mentor, reservamo-nos o silêncio e a oração, procurando a sintonia mais adequada com o afável Mestre de Nazaré.

Às 23h, rumamos para o centro da cidade, percorrendo as ruas e avenidas dominadas ainda por grande excitação de pessoas e pelo trânsito agitado.

Numa região sombria de pequena rua localizada entre duas largas avenidas, onde predominavam a imundície e o desespero, deparamo-nos com um espetáculo confrangedor.

Misturavam-se, em terrível luta de território, traficantes encarnados de aspecto feroz e Entidades *animalescas*, irreconhecíveis como seres humanos que eram, embora desencarnados, enquanto, nas redondezas, moças e rapazes ofereciam-se ao mercado da prostituição mais vil, a fim de adquirirem recursos para o vício destruidor.

Algumas crianças, ditas de *rua*, engalfinhavam-se em disputas de restos do *crack* que ficavam nos cachimbos improvisados ou sobre as caixas de madeira que serviam de mesas, tombando, quase fulminados, pelo tóxico avassalador.

Esquálidas umas, outras já hebetadas como sombras infantis transitavam, revolvendo as latas de lixo, derreadas algumas no solo sobre esteiras imundas ou invólucros de papelão rasgados, transformadas em leito infecto, em meio a ratazanas vorazes...

Mais terrificantes eram a paisagem espiritual e as emanações morbíficas que apresentavam os desencarnados acoplados aos perispíritos daqueles que se lhes transformaram em vítimas e eram usurpados nas energias e nos vapores da droga ultrajante.

Em razão do tempo em que a região estava sob a injunção destrutiva de vidas, tornara-se uma área infernal, com as características morbosas de outros lugares espirituais fora da Terra, verdadeiros *infernos*, onde os seres infelizes padeciam as agruras do comportamento inditoso que se haviam permitido.

O céu plúmbeo era, de quando em quando, clareado por verdadeiros relâmpagos ameaçadores de tempestades voluptuosas... Descargas magnéticas destrutivas multiplicavam-se, enquanto o horror predominava em todo o lugar...

Continuamente se ouviam discussões acaloradas entre *mulas* – os jovens que conduziam a mercadoria – e usuários, por novas quotas ou por pagamento não feito em relação a dívidas anteriores, que resultavam em lutas corporais com imensos prejuízos para ambos os litigantes, enquanto Espíritos cruéis locupletavam-se e estimulavam as contendas, que lhes pareciam agradáveis espetáculos de loucura...

Não seria aquela situação o mais baixo degrau da degradação humana ou o fundo do poço, caso existissem?!...

Não nos cabia, porém, julgar ou analisar o que observávamos, senão compadecermo-nos de todos os sofredores que ali estorcegavam no desespero, facultando-me lágrimas espontâneas que me escorriam pela face...

Uma que outra vez irrompiam gritos histéricos, súplicas terríveis, no transtorno irreversível que se apresentava em alguns alucinados, ironizados pelos desencarnados zombeteiros que também os exploravam.

Dr. Bezerra de Menezes reuniu-nos no centro da rua estreita e trevosa dominada pela multidão de pacientes morais e espirituais, quando, erguendo a voz, iniciou uma oração:

– *Senhor de misericórdia!*

Tende compaixão de todos nós, os exilados filhos rebeldes que abandonamos o caminho traçado por nosso Pai, optando pelas veredas tortuosas do sofrimento, caindo nos abismos profundos da loucura.

Ontem, fascinados pelo poder e desestruturados emocionalmente para vivenciá-lo, comprometemo-nos terrivelmente com muitas vidas que ceifamos com crueldade, com existências que desencaminhamos ao sabor do nosso orgulho, com corações que despedaçamos na ânsia de submetê-los aos nossos caprichos, com os irmãos de jornada que transformamos em escravos desditosos, hoje retornamos carregando culpas indescritíveis e profundas, tormentos inextrincáveis, porque filhos do remorso, procurando fugir da responsabilidade mediante os anestésicos da ilusão...

E ao fazê-lo, pensando em aliviar as angústias que ferem os sentimentos, mergulhamos nos pântanos pestosos da autodestruição e das obsessões que nos são impostas pelas vítimas que nos aguardavam além do pórtico do corpo transitório...

Eis-nos aqui, em deplorável situação, sem conseguirmos recuperar-nos dos crimes, mais piorando a própria situação, em face do desprezo pelas vossas leis de complacência, mas também de justiça.

Neste conúbio de dementados pelo ódio e pelo medo, perdemos o rumo, não sabendo onde começam as nossas opções, desde que vivemos sob os camartelos daqueles que se nos associaram desde aqueles dias infelizes, desesperados procurando fazer justiça... Como, porém, fazê-la, se todos eles são tão inditosos quanto nós outros, os responsáveis pela sua desventura?

Apiedai-vos, Clemente e Justiceiro, permitindo que o vosso amor ultrapasse os limites das leis estabelecidas e nos alcance, a fim de podermos reabilitar-nos, seguindo as vossas lições de vida eterna e de compaixão...

Socorrei-nos, Senhor dos desvairados e dos esquecidos pelo mundo!

Repeti a vossa estada entre nós, desde há dois mil anos, quando todos nos haviam abandonado e nos resgatastes pelo vosso incomparável amor, vindo ter conosco nos antros de miséria!

Ajudai-nos a auxiliar com a vossa sublime compaixão.

Ao fazer silêncio, com a voz embargada e os olhos úmidos, percebemos que uma suave claridade foi dominando o antro terrível, e diversos Espíritos generosos surgiram da névoa espessa em diminuição, procurando amparar os que se encontravam entorpecidos no solo, liberando momentaneamente alguns dependentes dos seus sicários espirituais, afastando do recinto alguns dos traficantes, e aplicando energias vigorosas em todos aqueles que se encontravam presentes.

Convidados à ação, acercamo-nos dos irmãos doentes e pusemo-nos igualmente a dirigir-lhes nossas energias enquanto orávamos pela sua renovação interior.

O nosso irmão Jésus Gonçalves, profundamente comovido, recordando-se dos dias em que a hanseníase se lhe hospedara no organismo, atendia os pacientes mais maduros e idosos com imensa ternura, considerando que a drogadição é como a antiga lepra que degrada, que expulsa do convívio social, que perverte e alucina.

Portador de excelentes valores morais e espirituais, o discípulo de Jesus, ora redimido, passou a falar a alguns dos irmãos vingativos, demonstrando-lhes a necessidade da compaixão, do perdão, narrando a sua própria experiência nos séculos recuados, quando também sucumbira ao poder e à ambição, desvairando-se, até o momento em que Jesus o convidou para a redenção sob a cruz dos sofrimentos inenarráveis...

Informou-lhes que, nos sofrimentos sem nome encontrou a paz pela qual anelava, razão por que agora buscava outros que se lhe assemelhavam, a fim de os auxiliar na recuperação da harmonia.

Diversos Espíritos foram tocados pelo seu verbo poético e doce, pelas vibrações harmônicas emanadas, enquanto ele invocava a proteção de Jesus para todos, assim como da Senhora e dúlcida Mãe Santíssima para recolher no Seu seio aqueles filhos desditosos, que optavam por permanecer na ignorância e na rebeldia...

Encontrávamo-nos todos emocionados com a bênção do trabalho naquele sítio de padecimentos ignorados em profundidade pela sociedade, que desprezava os que ali se homiziavam em exaustão e loucura.

Nesse ínterim, chamou-nos a atenção um jovem de quase vinte anos de idade, que estremecia em febres, os olhos dilatados, no êxtase da droga, ao mesmo tempo que também convulsionava... Ao acercar-nos dele, nosso mentor transmitiu-nos psiquicamente que era chegado o momento da sua desencarnação, em razão da tuberculose que o vencia ao mesmo tempo que o *crack* lhe consumia as últimas energias.

Repentinamente, ele expeliu uma golfada de sangue e, logo depois, entre estertores agônicos indefiníveis começou a desencarnar, vitimado por terrível hemoptise, na qual se locupletavam alguns Espíritos deformados pelo aspecto lupino.

Foi quando, uma senhora desencarnada aproximou-se emocionada e permaneceu ao seu lado, chamando-o docemente de filho querido, aguardando que se consumasse o processo, agora sob a direção do nosso mentor, que afastou os torpes inimigos que o assediavam até aquele grave momento...

Após alguns minutos teve lugar a morte orgânica, permanecendo alguns vínculos com o corpo vencido, que seriam diluídos lentamente, quando se daria a desencarnação total somente mais tarde.

A partir daquele instante, porém, ele estaria socorrido pela genitora que o visitava frequentemente no reduto infeliz em que se refugiava, sem conseguir auxiliá-lo com mais eficiência, conforme o desejava.

Uma jovem que acabara de entregar-se a um ébrio para recolher o numerário para nova dose, assistida pelos benfeitores visitantes, começou a chorar e a despertar da anestesia da droga alucinante, saindo a correr daquele lugar hediondo, sem saber o que lhe acontecia...

Os socorros prolongaram-se por mais de uma hora, até quando o silêncio tombou na região e a população atormentada parou de chegar...

A suave claridade permaneceu, assim como inúmeros dos visitantes em ministério socorrista que nos escapava à observação e não podendo contribuir de maneira mais segura, deixamo-nos dominar pela oração intercessória, a fim de serem mantidas as condições ambientais melhoradas para todos aqueles irmãos equivocados, que haviam adotado a solução insolvável, que mais complicava as suas dívidas morais... Todos, porém, dispomos do livre-arbítrio, e nossas escolhas são respeitadas até o momento em que nos é imposto o abandono da inferioridade mediante as expiações redentoras.

Alguns Espíritos vingativos foram convidados a seguir conosco em direção da nossa Casa transitória, auxiliados que nos encontrávamos pelos amigos que atenderam à nossa rogativa ao Senhor e que ali militavam, pois que lugar algum existe onde não lucile a misericórdia do bem mesmo que não percebida.

Nessa madrugada, sob o auxílio de Hermano, foram abrigados os irmãos infelizes que foram conduzidos e que seriam atendidos conforme as circunstâncias e possibilidades existentes no seu momento próprio.

Agradecendo aos cooperadores do Mais-além, nosso mentor demonstrava grande júbilo decorrente da recente tarefa de amor.

Passamos o último dia em reunião com o benfeitor Hermano e demais trabalhadores espirituais do Amor e Caridade, visitando, também, algumas das instituições que faziam parte do nosso programa.

Um misto de ternura e de gratidão, de saudade antecipada e de júbilo dominava-me, ante a expectativa de mais uma tarefa concluída.

18

LABORES FINAIS E DESPEDIDAS

Nessa última noite da nossa estada em serviço especial, após os labores habituais da Instituição, quando todos se haviam recolhido aos leitos para o justo repouso, teve começo a reunião de despedida, assinalada pelo socorro a alguns dos irmãos desencarnados trazidos da *Cracolândia*.

Mediante a cooperação do gentil benfeitor Hermano, foram trazidos à sala mediúnica, em parcial desprendimento pelo sono, os médiuns Celestina e Marcos, o psicoterapeuta de desencarnados Marcelo, mais alguns cooperadores da Casa, a fim de que fossem atendidos alguns dos irmãos necessitados do socorro espiritual.

Após sentida oração proferida pelo mentor do nosso grupo, dona Celestina entrou em transe profundo, sendo instrumento de um dos Espíritos deformados, que se agitava nos estertores do ressentimento e da dependência dos vapores terríveis da drogadição que absorvia por intermédio da sua vítima.

Nosso irmão Petitinga, instado mentalmente a cooperar, pôs-se a aplicar-lhe passes de desintoxicação fluídica, enquanto intensificava a doação de energias na médium, a fim de não ser prejudicada pelas terríveis fixações mentais do comunicante.

Lentamente, foi-se operando no irmão infeliz ligeira modificação da estrutura perispiritual, graças ao fenômeno da incorporação na médium dedicada, que lhe emprestava o modelo para a retificação da forma, ao mesmo tempo que lhe tomando o aparelho fônico, mediante grande esforço, interrogou, tartamudeando:

– *Que... se... passa?*

Nesse comenos, Eurípedes adentrou-se no círculo trazendo uma jovem adormecida em deplorável estado de debilidade orgânica, emocional e psíquica.

Foi despertada com imenso carinho pelo nosso amigo, que a houvera colocada em uma *chaise longue* acolchoada, onde podia permanecer reclinada em relativo repouso.

Muito enfraquecida, olhou em derredor com estranheza, quando viu acercar-se-lhe um jovem Espírito que a abraçou ternamente, falando-lhe com doçura:

– *Confia em Deus, Vivianne, a fim de saíres do abismo em que te encontras.*

A voz, repassada de imensa ternura, repercutiu-lhe no íntimo e aguçou-lhe a memória, fazendo-a fitar a visitante, nela reconhecendo alguém que lhe era muito querida, levando-a rapidamente às lágrimas comovedoras.

Enquanto as duas mantinham as mãos juntas num gesto de carinho e de transmissão de segurança, o benfeitor respondeu ao interrogante:

– *Encontramo-nos em um hospital para enfermos muito graves, dentre os quais, o amigo se encontra.*

– *Não... estou... do...ente... mas... infeliz...*

– *Sim* – ripostou o guia espiritual –, *sabemos disso, e, por essa razão, trouxemo-lo para tratamento. A sua é a infelicidade da alma revoltada e insubmissa às Leis Divinas, por haver escolhido o caminho mais áspero e cruel para a solução de problemas que o amor poderia haver resolvido, caso houvesse preferido outro comportamento.*

– *Não tive... nem encontro... outra alternativa...*

À medida que o fenômeno se tornava mais profundo e a aparelhagem mediúnica era seguramente submetida, o comunicante foi-se tornando mais lúcido, dispondo de melhores recursos para expressar-se.

– *Sempre há alternativa* – elucidou-lhe Dr. Bezerra – *quando se deseja o bem e não o mal, o revide, a vingança, a loucura do egoísmo perverso.*

– *Fui assassinado miseravelmente... e não posso permitir que a devassa... que tomou parte na trama fique impune, desde que não há justiça na Terra e o seu ato infame permaneceu desconhecido...*

– *Equivoca-se o irmão. A justiça terrena ainda é fruto da imperfeição daqueles que lhe elaboram os códigos favoráveis aos seus próprios e infames interesses... Nada obstante, a consciência de todos nós tem insculpidas as Leis da Vida, que estabelecem os códigos do comportamento digno e da justiça superior. Desse modo, ninguém permanece livre das consequências dos seus erros e crimes, mesmo que não seja alcançado de imediato pelos corretivos penais humanos... Ademais, ninguém consegue fugir de si mesmo, da própria responsabilidade. A vida não se extingue quando ocorre a consumpção do corpo, conforme o amigo o sabe.*

Desse modo, não é justo que aqueles que padecem as injustiças no mundo logo despertem na área da realidade no Além-túmulo, tomem a adaga da justiça nas mãos e preten-

dam fazê-la cumprir mediante as suas paixões, incidindo em erros semelhantes ou piores de injustiça e de impiedade.

– Sim... gostaria que assim... fosse... Mas isso não ocorre... Vitimado, que fui... pela mulher amada... acompanhei-lhe o triunfo no mundo... enquanto a vérmina me consumia... levando-me a uma loucura sem fim... Mas sobrevivi... e agora faço justiça...

– O seu procedimento não é de justiça, mas de vingança, e todo ato de revide conduz a dramas mais infelizes, ao desrespeito às Divinas Leis.

A nossa Vivianne renasceu para resgatar o tormentoso deslize moral. Embora sem as marcas físicas da nefasta conduta, trouxe no íntimo, no cerne do ser, as memórias do erro, a culpa, o arrependimento que a fizeram, desde a infância, solitária, triste, desditada... Sentindo-se amargurada, sem compreender a razão do seu infortúnio, atraiu-o pelo pensamento, conforme estabelecido pelas Soberanas Leis que, onde estiver o infrator aí se encontrará a sua vítima...

Cabia-lhe compadecer-se da sua desgraça e ajudá-la na reabilitação pelas ações do bem, a fim de que pudesse emergir do caos do erro, alcançando a área da elevação moral. No entanto, deu-se o oposto. O amigo, reconhecendo-a, inspirou-lhe mágoas mediante hipnose, nela fixando o pensamento doentio, tornando-a mais desventurada e levando-a às fugas do lar, em desconserto emocional, empurrando-a para o antro de onde acaba de ser retirada pela misericórdia de Jesus Cristo.

Como, porém, o amor de Deus não tem limites, este é o momento em que o caro amigo também merece compaixão e socorro, fruindo a bênção do despertamento para uma nova realidade que lhe facultará a paz e o recomeço sob outras condições favoráveis à plenificação.

– Mas... eu não consigo... perdoá-la...

– Nem é necessário que tal se dê de imediato. Conceda-lhe, pelo menos, o direito de expor o problema do ponto de vista dela, porquanto todo acontecimento tem duas versões, que são a de cada um... Está bem?

Ato contínuo, amparada por Eurípedes que lhe deu o braço gentil, a jovem em desdobramento espiritual, foi aproximada do interlocutor e, ao reconhecê-lo, deu um grito de horror:

– Michel! Deus meu! Não me mate, deixe-me na paz que eu não mereço...

E prosseguiu em descontrole emocional e verbal, enquanto Eurípedes refundia-lhe o ânimo, administrando--lhe energias calmantes e renovadoras.

– Não sou assassina! Sou vítima de uma trama perversa. Piedade, meu Deus! Como tenho sofrido!...

Chamado nominalmente pela aturdida Entidade, Michel revidou com blasfêmias e ameaças terrificantes, agitando a médium e espumando de ira com os olhos fora das órbitas.

Era a primeira vez em que os dois Espíritos confrontavam-se, embora, sempre quando em desdobramento pela ação das drogas ilícitas, ela o encontrava e punha-se a fugir sem rumo, desvairada até despertar exausta, necessitada de novo entorpecente...

– Ouça-me, por favor, pelo menos desta vez – gritou a desventurada!

Ironizando-a com imenso desdém, mas sob a telementalização do benfeitor, Michel aquiesceu, com expressão de cínico desprezo.

– Sempre o amei e demonstrei-o durante toda a nossa convivência... Você foi o destruidor da nossa paz, quando levou para o nosso lar a serpente que me hipnotizou, o infame Antoi-

ne de Val... Dizendo-se seu amigo, era um bandido perverso que desejava apossar-se dos nossos bens e pôr-me a perder...

Não pôde prosseguir, porque Michel a interrompeu com desdém:

– *Se você sabia... disso... por que me traiu e ... ajudou-o a matar-me?* – Explodiu em lágrimas e soluços de desespero.

– *Ouça-me, porque em tudo isso eu sou a desventurada... Não lhe nego que fui leviana e condescendente com o bandido, chegando até mesmo a estimulá-lo, na minha vacuidade de mulher insensata, mas evitando comprometer-me. Esse é o meu grande erro, o desatino que me corrói interiormente e, neste momento eu o sei, razão pela qual sempre tenho sido uma atormentada...*

Lentamente, enquanto você cuidava das videiras, ele me seduzia com habilidade. Tentei falar-lhe mais de uma vez e você evitou o assunto, desconfiado, como se eu não merecesse consideração... Eram dias horríveis aqueles... A Primeira Guerra Mundial iniciara-se e a França fora envolvida...

Em nossa querida região da Champagne-Ardenne *a convocação para a guerra chegou estarrecedora, e Antoine, que era um desocupado, vivendo às suas custas, foi convocado para seguir a Paris a fim de inscrever-se no exército...*

Vivianne fez uma pausa longa e dolorosa em que as lágrimas abundantes escorriam-lhe pela face descarnada...

Logo após, deu prosseguimento à sua narrativa:

– *Quase, às vésperas da despedida, quando você mesmo organizou uma festa em homenagem ao infame, depois que todos se retiraram ele embriagou-nos, usando também sonífero que aplicou em você, fazendo-o tombar desfalecido em nosso leito...*

O miserável abusou da minha honra, roubou-nos os melhores bens: dinheiro, joias e outros valores, depois o matou impiedosamente a punhaladas, evadindo-se, sem que os nossos empregados pudessem ver o que se passara em nosso Chateaux...

Quando despertei, não me recordava do acontecido, exceto da agressão física de que também eu fora vítima.

O escândalo foi terrível, longos os inquéritos policiais, com tentativas de envolvimento da minha pessoa, busca pelo evadido, que logo mais partiu para o front *na* Linha Maginot, *fronteiriça com a Alemanha... onde o miserável pereceu nos primeiros combates, sem haver usufruído o resultado da rapina...*

Somente vim a saber disso muito tempo depois, quando envelhecida, em Paris, onde passei a viver com alguns recursos resultantes da venda da propriedade e da divisão entre os seus familiares e eu própria.

Os tormentos sem fim tomaram-me a vida e entreguei-me ao uso do absinto, então em muita moda, consumindo-me com o tempo, até que a morte arrebatou-me o corpo, mas não me concedeu a paz.

Renasci, inditosa, amparada por Giselle, que fora sua irmã e sempre minha amiga, e que morrera antes da tragédia que nos acometeu, e que aqui se encontra socorrendo-me.

Que mais dizer-lhe, senão suplicar piedade para nós ambos?!

Um tanto aturdido, Michel, que ignorava os fatos narrados, ainda não se recuperara da surpresa, quando a visitante Giselle falou-lhe com imensa ternura:

– Michel, venho em nome de nossa mãezinha buscar-te para que voltes a nascer nas nossas terras, agora sob nova governança e refaças a tua estrada de purificação. Hoje, Antoine

é o seu proprietário atormentado e infeliz, por intermédio de quem deverás retornar ao corpo físico...

A jovem irradiava mirífica luminosidade e o seu era um verbo suave e penetrante, que tocou profundamente a sensibilidade do comunicante.

Sem o controle necessário em circunstância de tal magnitude, o comunicante espiritual desejou arrojar-se aos braços da irmã, sem o conseguir, em razão de encontrar-se em psicofonia, mas gritou:

– Socorre-me, anjo de nossas vidas, tu que sempre foste emissária de Jesus na Terra! Perdoa-me a loucura e diminui a ardência da loucura que me consome há quase uma eternidade.

– Confia em Deus, irmão querido, e tem coragem para o recomeço!

Aproximou-se e o envolveu em ternura imensa, enquanto o nosso mentor adormecia-o com a voz calmante e amorosa, conduzindo-o para outro recinto de nossa esfera.

Logo depois, o ambiente retomou a harmonia habitual com o afastamento de Miguel e sua irmã, de Vivianne, que Hermano transferiu para uma sala contígua, a fim de reconduzi-la ao corpo que, no antro em que se encontrava, experimentava um sonho revigorante que lhe faria bem e a ajudaria a sair do gueto de miséria, inspirada por Giselle, que continuaria ajudando-a...

O limite do amor é o infinito, sem dúvida, sendo o solucionador para todas as questões afligentes de que se tem notícia.

Outras comunicações penosas tiveram lugar, e após o santificante labor da caridade, com os médiuns e o dialogador em perfeita lucidez, escutamos vozes espirituais que cantavam no ambiente, agora transformado em um anfiteatro de aspecto grego.

Dei-me conta de que a *torre de vigia* havia sido desfeita por desnecessidade e que diversos membros da instituição haviam sido convocados para aquela etapa final.

Suave perfume impregnava o ambiente.

A sala tomara o aspecto grandioso que recordava o recinto onde tivéramos a reunião em nosso plano antes da jornada à Terra e confesso-me profundamente surpreso com o poder dos Mensageiros do Senhor manipulando as energias e modelando tudo quanto se lhes torna necessário para condensar em nosso plano.

Foi nesse ambiente, que um belíssimo jato de luz caiu sobre a plataforma de destaque, e vimos tomar corpo o *Santo de Assis*, assessorado por dois dos seus companheiros das primeiras horas.

A simplicidade e a emanação de paz do *Pobrezinho* arrebatavam-nos os sentimentos, enquanto a ternura e unção dos seus acompanhantes penetravam-nos de maneira especial.

Saindo do foco luminoso, ele sorriu para a plateia comovida e com voz indescritível que mais parecia um canto de amor, exorou:

– Divino Pastor das almas terrestres!

Vinde, por misericórdia e compaixão, ao abismo onde nos encontramos, a fim de retirar-nos das escarpas em que nos seguramos antes da queda total.

Transformai a vossa cruz de amor em ponte que nos alce do tremedal ao planalto salvador, facultando-nos a libertação.

Distendei a vossa coroa de espinhos transformados em elos fortes da corrente de segurança para que unam a nossa à vossa sublime existência.

Alargai vosso olhar sobre a Terra em transição dolorosa, de modo a diminuir as dores que se generalizam e a todos alcançam, convidando aqueles que choram à reflexão em torno do Excelso Bem, neles inspirando o anelo pela paz e pela ventura que logo mais tomarão conta do planeta.

Amparai os convidados de outra dimensão que ora se corporificam para o trabalho da experiência iluminadora do mundo, de modo que consigam insculpir nas paisagens ainda sombrias do orbe as indefiníveis claridades da esperança e da fraternidade plena.

Tomai dos nossos mais nobres pensamentos e entretecei a grinalda de sabedoria que nos deve exornar a fronte, auxiliando-nos em todas as decisões imortalistas.

Santo, que sois, conferi-nos a vossa bênção de carinho, a fim de que o nosso roteiro de urzes transforme-se em senda de sublimação.

...E perdoai-nos a pequenez e a pobreza em que ainda nos encontramos, sem possuirmos nada para oferecer, exceto o próprio ser a serviço do nome do vosso Nome.

Despedi-nos, Senhor da madrugada da Ressurreição, de maneira que vençamos a morte, a dor e o medo de servir-vos para todo o sempre.

Assim seja!

A música sublime que permanecia no ar e o perfume que dominava o ambiente, qual se derivasse de rosas frescas em doce manhã de primavera, ficariam impregnados para sempre em nossos Espíritos.

A visão daquele instante ímpar permaneceria em nossa tela mental para sempre.

Em silêncio coroado de lágrimas, despedimo-nos do benfeitor Hermano que agradeceu ao nosso mentor e a todos nós o labor ali desenvolvido naquele período, abraçamos os companheiros que participaram, em ambos os planos da vida, do trabalho de iluminação que viéramos cumprir e, enquanto o silêncio em nós entoava gratidão, nossa pequena caravana retornou ao formoso reduto em que residimos, havendo-se dissolvido sob as bênçãos do amanhecer da Nova Era.

Antes de nos separarmos em nossa comunidade, olhamos o planeta amado aureolado da claridade dos astros e não posso negar que somente as lágrimas puderam falar as palavras impossíveis de serem enunciadas.

Uma vaga de saudade, de ternura e de gratidão invadiu-nos a todos, enquanto firmávamos os votos de amar e servir sem descanso sob as bênçãos de Jesus.

FIM